FÊTES
ET
CÉRÉMONIES

HONNEURS MILITAIRES
HONNEURS CIVILS

RECUEIL DES DÉCRETS, CIRCULAIRES ET INSTRUCTIONS
RELATIFS AUX CÉRÉMONIES ET AUX HONNEURS

Par J. SAUMER
ARCHIVISTE DE 1ʳᵉ CLASSE D'ÉTAT-MAJOR

(Extrait de l'*Encyclopédie militaire*, du même auteur)

2ᵉ ÉDITION, REVUE ET AUGMENTÉE

PARIS   **LIMOGES**
11, PLACE SAINT-ANDRÉ-DES-ARTS.   46, NOUVELLE ROUTE D'AIXE, 46.

HENRI CHARLES-LAVAUZELLE
Éditeur militaire.

1895

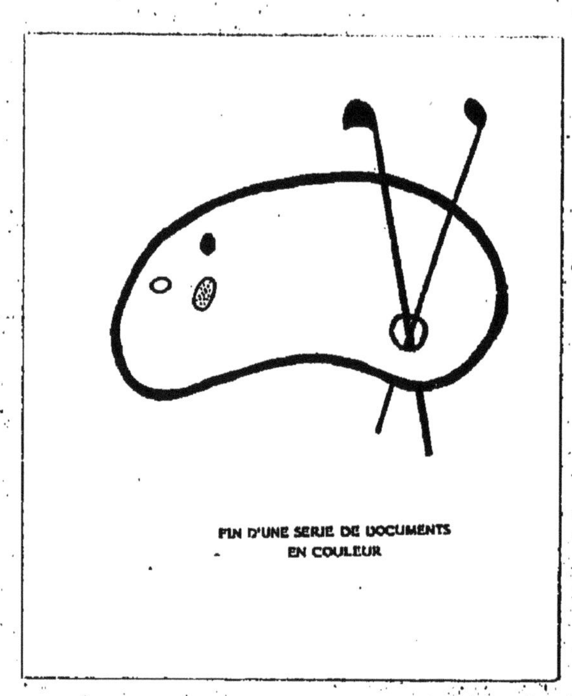

FIN D'UNE SERIE DE DOCUMENTS
EN COULEUR

FÊTES ET CÉRÉMONIES

FÊTES

ET

CÉRÉMONIES

—

HONNEURS MILITAIRES
HONNEURS CIVILS

—

RECUEIL DES DÉCRETS, CIRCULAIRES ET INSTRUCTIONS
RELATIFS AUX CÉRÉMONIES ET AUX HONNEURS

Par J. SAUMUR

ARCHIVISTE DE 1re CLASSE D'ÉTAT-MAJOR

(Extrait de l'*Encyclopédie militaire*, du même auteur)

—

2e ÉDITION, REVUE ET AUGMENTÉE

PARIS	LIMOGES
11, Place Saint-André-des-Arts.	46, Nouvelle Route d'Aixe, 46.

Henri CHARLES-LAVAUZELLE
Éditeur militaire.

—

1895

PREMIÈRE PARTIE

—

FÊTES ET CÉRÉMONIES

FÊTES ET CÉRÉMONIES

TITRE Ier.

FÊTE NATIONALE.

(Circ. du 13 Juin 1888, *B. O.*, p. s., p. 331.)

Dans toutes les villes de garnison où il y a des troupes d'artillerie, il est tiré, le 14 juillet, une première salve de 21 coups de canon à 8 heures du matin, une deuxième à midi et une troisième à 8 heures du soir. Dans les villes où se trouvent également des troupes de la marine (artillerie de marine ou équipages de la flotte), l'autorité militaire se concerte, au sujet du tir des salves, avec les autorités maritimes. En vue d'éviter, autant que possible, les accidents, il n'est pas tiré de salves dans les localités où il faudrait recourir à des auxiliaires d'infanterie.

Il est passé, le jour de la fête nationale, une revue de toutes les troupes de chacune des garnisons des corps d'armée. Les décorations et médailles militaires sont remises officiellement aux intéressés à cette revue, qui a lieu de manière que les hommes n'aient pas à souffrir de la chaleur. Pendant toute la journée du 14 juillet, les troupes de toutes armes, y compris la gendarmerie, portent la grande tenue.

Les édifices militaires sont pavoisés et illuminés dans la limite des ressources disponibles. En ce qui concerne les illuminations, le service du génie fournit les ifs nécessaires, les autres dépenses d'illumination sont à la charge des corps occupants ou, si les édifices sont inoccupés, à la charge des services administratifs.

Les officiers de tout grade ne doivent accepter les invitations qui pourraient leur être adressées, pour assister à des banquets ou autres réunions officielles (1), que lorsqu'elles émanent des autori-

---

(1) Consulter à ce sujet la circulaire confidentielle du 5 juillet 1881 (Cabinet; Correspondance générale) et celle du 9 juillet 1882 (même bureau).

tés civiles constituées et sous la réserve expresse qu'elles parviendront à leurs destinataires par la voie hiérarchique et qu'elles comprendront l'autorité militaire la plus élevée en grade résidant dans la localité et, après elle, s'il y a lieu, les autres autorités militaires surbordonnées, dans l'ordre hiérarchique, sans qu'il y ait exclusion d'aucun échelon intermédiaire. Les officiers généraux qui auraient à prendre une décision à cet égard ne doivent accorder aucune autorisation d'assister à ces réunions sans s'assurer que les discussions politiques en sont soigneusement écartées. Ils s'abstiennent, autant que possible, de toasts ou de discours et s'assurent que ceux qui doivent être prononcés devant eux ne contiennent rien de contraire aux sentiments de respect et de dévouement qui animent l'armée de la République.

Les invitations pour assister à la revue des troupes sont adressées aux autorités civiles par l'autorité militaire la plus élevée en grade. Le chef militaire qui passe la revue se présente, au commencement de la revue et après le défilé, devant la tribune où se trouvent les autorités invitées pour les saluer.

Les généraux commandant les corps d'armée doivent signaler, par télégramme, au Ministre de la guerre, les faits exceptionnels qui viendraient à se produire pendant la fête.

La gendarmerie devra assister aux revues qui seront passées le jour de la fête nationale.

(Circ. du 17 mai 1886. — 2ᵉ Direction; 3ᵉ Bureau.)

Mon cher général, le décret du 1ᵉʳ mars 1854 a posé en principe que la gendarmerie fait partie intégrante de l'armée et qu'elle prend rang dans cette armée à la droite des troupes de ligne.

Cette disposition, qui paraît avoir eu pour but de rappeler à la gendarmerie qu'elle reste toujours liée aux corps de troupe dans lesquels elle puise, d'ailleurs, son origine, n'a reçu jusqu'à présent de sanction manifeste qu'à Paris, où la garde républicaine et la compagnie de la Seine assistent toujours aux revues d'ensemble des troupes de la garnison.

Dans les départements, une interprétation trop étroite des prescriptions de l'article 124 du même décret et de l'article 123 du décret du 23 octobre 1883 (1), ont fait tenir la gendarmerie en dehors de ces réunions.

Sans admettre qu'elle puisse être détournée de ses fonctions pour être passée en revue aussi souvent que les autres troupes, il m'a semblé que, pour donner satisfaction au principe posé par le décret du 1ᵉʳ mars 1854, tout en généralisant ce qui existe déjà à Paris, elle devait au moins, à l'occasion du 14 juillet, se montrer partout réunie aux autres fractions de l'armée.

---

(1) Aujourd'hui art. 119 du décret du 4 octobre 1891.

Je désire donc que, dans les villes de garnison, les officiers, sous-officiers, brigadiers et gendarmes de la résidence qui ne seront pas retenus par les obligations de leur service ou le service d'ordre auquel ils pourraient être appelés par les autorités locales, prennent leur rang de bataille dans les troupes que les commandants d'armes doivent passer en revue le jour de la fête nationale.

Je vous serai obligé de donner des ordres en conséquence.

Signé : Gal BOULANGER.

TITRE II.

FÊTES ET CÉRÉMONIES MILITAIRES.

Fêtes régimentaires.

(Circ. du 16 juillet 1892, B. O., p. 13.)

Mon cher Général, depuis quelques années, différents corps de troupe ont organisé une fête anniversaire de l'événement le plus saillant de leur histoire militaire, dans le but d'entretenir l'esprit de corps du régiment et de consacrer les souvenirs glorieux du drapeau.

Afin d'éviter les inconvénients qui pourraient résulter d'une extension trop grande donnée à ces fêtes régimentaires, et pour leur conserver le caractère exclusivement militaire qu'elles doivent avoir, j'ai arrêté les dispositions suivantes :

Les chefs de corps qui désireront organiser une fête annuelle dans leur régiment devront préalablement soumettre au gouverneur militaire ou général commandant le corps d'armée duquel ils relèvent le programme de cette fête, ainsi que la liste des invitations projetées.

Une commission, composée d'un officier supérieur, président, d'un capitaine ou lieutenant et d'un sous-officier, sera chargée, sous l'autorité du chef de corps, de tous les détails d'organisation de la fête, dont la préparation et la célébration ne devront retarder en rien l'instruction, n'apporter aucune entrave au service, ni occasionner aucune dépense pour l'État.

Ces fêtes régimentaires auront lieu dans l'intérieur des casernes. Les invitations devront, en principe, être limitées aux chefs militaires et aux familles des officiers et des sous-officiers du corps.

Cette règle, à Paris et dans les grands centres, ne paraît pas devoir subir d'exception.

Je vous serai obligé de vouloir bien donner des instructions en vue d'assurer l'exécution des dispositions contenues dans cette lettre.

Signé : C. DE FREYCINET.

Réception des officiers.

(Décrets sur le service intérieur des troupes.)

a) Infanterie.

Les officiers sont reçus de la manière suivante :

Le colonel, par le général commandant la brigade;

Les officiers supérieurs, les capitaines de compagnie, par le colonel ;

Les adjudants-majors et le porte-drapeau, par le lieutenant-colonel;

Les lieutenants et les sous-lieutenants, par le chef de leur bataillon;

Les officiers comptables, par le major.

A défaut des officiers ci-dessus désignés pour procéder aux réceptions, les officiers du grade immédiatement inférieur les remplacent; le major est remplacé par le chef de bataillon de semaine.

Pour la réception du colonel et celle du lieutenant-colonel, le régiment est en grande tenue avec le drapeau.

Les chefs de bataillon et le major sont reçus devant le régiment en grande tenue et sans le drapeau; le chef de bataillon qui doit être reçu se place devant le centre de son bataillon; le major devant le centre du régiment.

Les adjudants-majors et les officiers de compagnie sont reçus devant le bataillon dont ils font partie; l'adjudant-major se place vis-à-vis du centre de son bataillon; les autres officiers vis-à-vis du centre de leur compagnie.

Les officiers comptables sont reçus devant le petit état-major, la section hors rang et les sous-officiers comptables du régiment.

Le porte-drapeau est reçu la première fois que le régiment prend les armes avec le drapeau; il se place vis-à-vis du drapeau.

L'officier qui doit être reçu se place à la gauche de celui qui le fait recevoir; l'un et l'autre se mettent au port de l'épée ou du sabre; ils font face à la troupe.

Celui qui reçoit fait porter les armes et ouvrir un ban; il prononce à haute voix la formule suivante :

(Pour la réception du colonel) :

« De par le Président de la République, officiers, sous-officiers, caporaux et soldats, vous reconnaîtrez pour..... M....., et vous lui obéirez en tout ce qu'il vous commandera pour le bien du service et pour l'exécution des règlements militaires. »

Quand l'officier qui procède à la réception est d'un grade inférieur à celui qu'il reçoit, il se place à sa gauche et substitue les mots : « nous reconnaîtrons et nous lui obéirons » à ceux : « vous reconnaîtrez et vous lui obéirez ».

Après la réception, l'officier qui reçoit fait fermer le ban et reposer les armes.

Les officiers qui avancent en grade sans changer d'emploi ne sont pas reçus.

Les officiers changeant de corps sans avancer en grade sont reçus dans leur nouveau corps.

b) Cavalerie.

Les officiers sont reçus de la manière suivante :

Le colonel, par le général commandant la brigade ou la subdivision ;

Les officiers supérieurs, les capitaines commandants et le capitaine instructeur, par le colonel ; cette disposition s'applique aux capitaines en second qui deviennent capitaines commandants ;

Les capitaines en second et le porte-étendard, par le lieutenant-colonel ;

Les lieutenants et les sous-lieutenants, par leur chef d'escadrons ;

Les officiers comptables, par le major.

A défaut des officiers ci-dessus désignés pour procéder aux réceptions, les officiers du grade immédiatement inférieur les remplacent ; le major est remplacé par le chef d'escadrons de semaine.

Pour la réception du colonel et celle du lieutenant-colonel, le régiment est à cheval, en grande tenue, avec l'étendard. Les chefs d'escadrons et le major sont reçus à cheval en grande tenue, sans l'étendard ; le chef d'escadrons qui doit être reçu se place devant le centre des escadrons qu'il doit commander ; le major se place vis-à-vis du centre du régiment.

Les autres officiers peuvent être reçus, la troupe étant à pied, lors de la première réunion du régiment ; ils se placent devant le front de leur escadron ; le capitaine instructeur et les officiers comptables devant le centre du régiment. Le porte-étendard est reçu la première fois que le corps prend les armes avec l'étendard : il se place vis-à-vis de l'étendard.

L'officier qui doit être reçu se place à la gauche de celui qui le fait recevoir ; l'un et l'autre mettent le sabre à la main ; ils font face à la troupe. Celui qui reçoit fait porter les armes, ou mettre le sabre à la main, et ouvrir un ban ; il prononce à haute voix la formule suivante :

(Pour la réception du colonel) :

« De par le Président de la République, officiers, sous-officiers, brigadiers et cavaliers, vous reconnaîtrez pour colonel du régiment M....., et vous lui obéirez en tout ce qu'il vous commandera pour le bien du service et pour l'exécution des règlements militaires. »

Quand l'officier qui procède à la réception est d'un grade inférieur à celui qu'il reçoit, il se place à sa gauche et substitue les mots « nous reconnaîtrons et nous lui obéirons » à ceux « vous reconnaîtrez et vous lui obéirez ».

Après la réception, l'officier qui reçoit fait fermer le ban et reposer les armes, ou remettre le sabre.

Les officiers qui avancent en grade sans changer d'emploi ne sont pas reçus.

Les officiers changeant de corps sans avancer en grade sont reçus dans leur nouveau corps.

c) ARTILLERIE.

Les officiers sont reçus de la manière suivante :

Le colonel, par le général commandant l'artillerie du corps d'armée ou par le général commandant la subdivision de région ;

Les officiers supérieurs, les capitaines commandants et le capitaine instructeur, par le colonel ; cette disposition s'applique aux capitaines en second qui deviennent capitaines commandants ;

Les capitaines en second, par le lieutenant-colonel ;

Les lieutenants et les sous-lieutenants, par leur chef d'escadrons ;

Les officiers comptables, par le major.

A défaut des officiers ci-dessus désignés pour procéder aux réceptions, les officiers du grade immédiatement inférieur les remplacent ; le major est remplacé par le chef d'escadrons commandant le groupe de service.

Pour la réception du colonel et celle du lieutenant-colonel, le régiment est à cheval, en grande tenue, avec l'étendard, le matériel attelé.

Les chefs d'escadron et le major sont reçus à cheval, en grande tenue, sans l'étendard ; le chef d'escadron qui doit être reçu se place devant le centre des batteries qu'il doit commander ; le major se place vis-à-vis du centre du régiment.

Les autres officiers peuvent être reçus, la troupe étant à pied, lors de la première réunion du régiment ; ils se placent devant le front de leur batterie, le capitaine instructeur et les officiers comptables devant le centre du régiment.

L'officier qui doit être reçu se place à la gauche de celui qui le fait recevoir ; l'un et l'autre mettent le sabre à la main : ils font face à la troupe. Celui qui reçoit fait porter les armes, ou mettre le sabre à la main, et ouvrir un ban ; il prononce à haute voix la formule suivante :

(Pour la réception du colonel) :

« De par le Président de la République, officiers, sous-officiers, brigadiers et canonniers, vous reconnaîtrez pour colonel du régiment M...., et vous lui obéirez en tout ce qu'il vous commandera pour le bien du service et pour l'exécution des règlements militaires. »

Quand l'officier qui procède à la réception est d'un grade inférieur à celui qu'il reçoit, il se place à sa gauche et substitue les mots « nous reconnaîtrons et nous lui obéirons » à ceux « vous reconnaîtrez et vous lui obéirez ».

Après la réception, l'officier qui reçoit fait fermer le ban et reposer les armes, ou remettre le sabre.

Les officiers qui avancent en grade sans changer d'emploi ne sont pas reçus.

Les officiers changeant de corps sans avancer en grade sont reçus dans leur nouveau corps.

d) Gendarmerie.

Dans les chefs-lieux de compagnie où se trouvent réunies un certain nombre de brigades, les officiers de la résidence sont reconnus devant la troupe rassemblée, à cet effet, sous les armes, par le commandant de la compagnie.

L'officier qui doit être reçu se place à la gauche de celui qui le fait recevoir ; l'un et l'autre mettent le sabre à la main : ils font face à la troupe. Celui qui reçoit fait porter les armes ou mettre le sabre à la main, et ouvrir un ban ; il prononce à haute voix la formule suivante : « De par le Président de la République, officiers, sous-officiers, brigadiers et gendarmes, vous reconnaîtrez pour..... M....., et vous lui obéirez en tout ce qu'il vous commandera pour le bien du service et pour l'exécution des règlements militaires. »

Après la réception, l'officier qui reçoit fait fermer le ban et reposer les armes ou remettre le sabre.

Les commandants d'arrondissement changeant de compagnie sans avancer en grade sont reçus dans leur nouvelle compagnie s'ils viennent au chef-lieu.

Les sous-officiers et brigadiers sont reconnus devant les brigades de la résidence assemblées, lors de la première prise d'armes ou revue du commandant d'arrondissement.

Réception des militaires nommés ou promus dans l'ordre de la Légion d'honneur ou décorés de la médaille militaire. — Médailles d'honneur.

(Décrets sur le service intérieur des troupes.)

I. — Légion d'honneur.

Le membre de la Légion d'honneur délégué par le grand chancelier de l'ordre, dans les conditions indiquées par l'article 27 du décret organique du 16 mars 1852, procède, avec le cérémonial ci-après indiqué, à la réception des militaires nommés ou promus dans l'ordre de la Légion d'honneur :

1° Les officiers (jusqu'au grade de colonel inclus), les sous-officiers, les caporaux et soldats faisant partie d'un corps de troupe, sont reçus, lors d'une revue, devant le corps de troupe auquel ils appartiennent, par leur chef de corps ou un officier général ou par l'officier commandant le détachement dont ils font partie, si cet officier est officier supérieur ; dans le cas contraire, la réception est faite par le commandant d'armes.

Lorsque la revue est passée par un officier général, qu'il soit ou non commandant d'armes, c'est à lui qu'il appartient de procéder à la réception et à la remise des insignes pour tous les militaires sans distinction ; en l'absence d'officier général, cette mission incombe toujours, à l'issue de la revue prescrite, au chef de corps pour les militaires des corps de troupe, au commandant d'armes ou à son délégué pour les militaires sans troupe ou faisant partie d'un détachement dont le chef n'est pas officier supérieur.

Les règles posées ci-dessus ne comportent d'autres exceptions que celles qui résulteraient de l'application de l'article 27 du décret du 16 mars 1852, aux termes duquel le récipiendaire ne peut être reçu que par un membre de l'ordre de la Légion d'honneur d'un grade au moins égal. Si cette condition ne peut être réalisée dans la place, le commandant du corps d'armée prescrit les mesures nécessaires pour assurer la réception du légionnaire conformément aux dispositions du décret organique.

2° Les officiers sans troupe, les employés militaires, les sous-officiers, caporaux ou brigadiers et soldats n'appartenant à aucun corps, ou détachés du corps dont ils font partie, sont reçus, devant la garnison convoquée pour être passée en revue, par le commandant d'armes ou son délégué.

3° A l'issue de la revue, le commandant des troupes fait sortir du rang, sans leur garde, les drapeaux ou étendards, et les fait placer devant le centre. Tous les légionnaires présents se groupent derrière ces drapeaux ou étendards et les récipiendaires se placent à dix pas en avant.

L'officier délégué par le grand chancelier de la Légion d'honneur, pour procéder à la réception se place en face des récipiendaires, fait porter les armes et ouvrir un ban ; il adresse ensuite à haute voix, à chacun des nouveaux nommés ou promus dans la Légion d'honneur, les paroles suivantes :

« Au nom du Président de la République et en vertu des pouvoirs qui nous sont conférés, nous vous faisons chevalier (officier ou commandeur) de la Légion d'honneur. » Puis il frappe le récipiendaire du plat de l'épée sur chaque épaule, lui attache la décoration sur la poitrine et lui donne l'accolade.

Les drapeaux et les anciens légionnaires rentrent dans le rang

et le commandant des troupes fait fermer le ban et défiler l'arme
sur l'épaule droite.

Pendant le défilé, les nouveaux légionnaires se tiennent à quatre
pas derrière le commandant des troupes.

II. — MÉDAILLE MILITAIRE.

Les sous-officiers, caporaux ou brigadiers et soldats décorés de
la médaille militaire sont reçus de la manière suivante :

1° Ceux faisant partie d'un corps de troupe, par le colonel ou
le chef de corps, devant le régiment ou le corps de troupe ;

2° Ceux ne faisant pas partie d'un corps de troupe, par le commandant d'armes ou son délégué, devant un des corps de troupe
de la garnison.

A l'issue de la revue, l'officier qui a le commandement des troupes fait placer, devant le centre, le drapeau ou étendard sans sa
garde ; tous les médaillés du corps viennent se grouper derrière
le drapeau ; le récipiendaire se place à dix pas en avant. Alors le
chef de corps ou le commandant d'armes ou son délégué, suivant
le cas, après avoir fait porter les armes et ouvrir un ban, adresse
à haute voix au récipiendaire les paroles suivantes :

« Au nom du Président de la République, nous vous conférons
la médaille militaire. »

Il lui attache ensuite la médaille sur la poitrine, fait fermer le
ban et reposer les armes.

La troupe ne défile pas.

III. — MÉDAILLE D'HONNEUR.

Lorsqu'un officier, sous-officier, caporal, brigadier ou soldat a
obtenu une des médailles d'honneur destinées à récompenser des
actes de courage et de dévouement, la remise de cet insigne lui
est faite avec un cérémonial destiné à rehausser le prix de cette
distinction et à inspirer parmi les militaires du corps une louable
émulation.

A cet effet, on porte d'abord, par la voie de l'ordre, à la connaissance du corps, l'acte de courage ou de dévouement pour lequel
la médaille d'honneur est accordée ; puis le chef de corps ou le
commandant d'armes remet personnellement cette médaille au
titulaire en présence du corps de troupe dont il fait partie, ou devant un des corps de la garnison s'il ne fait partie d'aucun corps
de troupe.

IV. — DISPOSITIONS SPÉCIALES A LA GENDARMERIE.

(Décret du 10 juillet 1889, art. 172 et suivants.)

Les officiers, sous-officiers, brigadiers et gendarmes promus ou nommés dans l'ordre de la Légion d'honneur, sont mis à l'ordre de la légion.

Ils reçoivent, des mains de l'officier de gendarmerie délégué à cet effet, la décoration qui leur est conférée, en présence de six brigades au moins réunies sous les armes, au chef-lieu de la compagnie ou de l'arrondissement, d'après les ordres du chef de légion, et conformément au cérémonial prescrit.

Les concessions de médailles militaires accordées à des sous-officiers, brigadiers et gendarmes sont mises à l'ordre de la légion.

La médaille leur est remise par le commandant d'arrondissement en présence de trois brigades au moins réunies à cet effet, sous les armes, au chef-lieu de la compagnie ou de l'arrondissement, et conformément au cérémonial réglementaire.

Lorsque la gendarmerie assiste à une revue des troupes de la garnison passée par les officiers généraux ou le commandant d'armes, les officiers, sous-officiers, brigadiers et gendarmes qui doivent être décorés ou médaillés reçoivent leur décoration dans les conditions prescrites plus haut.

Les médailles d'honneur ou de sauvetage accordées à des militaires de la gendarmerie par le ministre de l'intérieur, leur sont remises, après insertion à l'ordre de la légion, par le commandant d'arrondissement, en présence de deux brigades au moins, réunies dans la tenue du jour, au chef-lieu de la compagnie ou de l'arrondissement.

Les musiques militaires accompagneront les détachements de recrues, de réservistes et de territoriaux, à leur arrivée et à leur départ.

(Circ. du 18 août 1886.)

Mon cher Général, il importe de donner aux diverses manifestations de la vie militaire un certain caractère de solennité, destiné à resserrer plus intimement encore les liens qui unissent la nation et l'armée, et à rehausser la considération due à celle-ci.

En conséquence, j'ai l'honneur de vous informer qu'à la date de ce jour, j'ai arrêté les dispositions suivantes, dont vous voudrez bien assurer l'exécution dans la mesure du possible, et en tenant compte des différences de lieux et de situation.

Les détachements de recrues, de réservistes ou de territoriaux qui auront à se rendre d'une ville de garnison dans une autre, pour y faire leur période d'instruction, seront conduits, musique en tête, depuis leur point de réunion jusqu'à la gare où ils devront être embarqués pour leur destination.

A leur arrivée aux lieux de garnison occupés par les corps de troupe dont ils feront partie, lesdits détachements seront également conduits, accompagnés par la musique, depuis la gare jusqu'à la caserne qui doit les recevoir.

Dans les villes de garnison où les arrivées et les départs des hommes seraient échelonnés, et où le nombre des musiques serait insuffisant, la musique n'accompagnerait que le détachement le plus important.

Les détachements d'hommes libérés du service, soit dans l'armée active, soit dans la réserve ou dans l'armée territoriale seront reconduits, dans les mêmes conditions que ci-dessus, à la gare d'où ils partiront pour rentrer dans leurs foyers.

Des mesures devront être prises par les soins des commandants d'armes pour que l'ordre le plus parfait soit observé dans toutes ces circonstances.

Signé : Général Boulanger.

(Dép. minist. du 18 novembre 1888. — Cabinet; Correspondance générale.)

Mon cher Général, la mise en pratique des dispositions de la circulaire du 18 août 1886 a donné lieu souvent à des manifestations ou à des scènes de désordre qu'il est indispensable d'éviter.

En conséquence, je vous autorise, dans les localités où vous estimerez que l'intérêt de la discipline et le maintien de l'ordre public l'exigent, à ne pas faire accompagner les détachements par la musique militaire.

Signé : C. de Freycinet.

TITRE III.

CHAPITRE Ier.

PARTICIPATION DE L'ARMÉE AUX FÊTES ET CÉRÉMONIES CIVILES.

(Dépêche ministérielle du 7 mai 1895. Cabinet. Correspondance générale.)

Le Ministre de la guerre à MM. les Gouverneurs militaires de Paris et de Lyon, les Généraux commandant les corps d'armée, le Général commandant la division d'occupation de Tunisie.

Mon cher Général, les dispositions réglementaires relatives à la participation et au concours de l'armée à des fêtes ou cérémonies organisées par les municipalités et les sociétés civiles, ainsi qu'aux représentations théâtrales, ont fait l'objet de plusieurs circulaires ministérielles successives, qu'il m'a paru avantageux de réunir en un seul texte, en les complétant de manière à prévenir toute divergence d'interprétation.

Les demandes tendant à obtenir le concours de l'armée peuvent avoir pour but, soit d'assurer le maintien de l'ordre, soit de participer directement aux fêtes.

1° *Concours de l'armée aux mesures ayant pour but le maintien de l'ordre public pendant les fêtes et cérémonies.*

Dans ce cas, les commandants d'armes intéressés ont à déterminer, conformément au décret du 4 octobre 1891 sur le service dans les places de guerre et les villes ouvertes, dans quelle mesure il convient de déférer aux réquisitions des autorités compétentes pour assurer le maintien de l'ordre public (1). Ils rendent compte hiérarchiquement des dispositions qu'ils croient devoir prendre.

Le concours de l'armée, dans ces conditions, s'étend aussi bien aux piquets en armes placés en tête, en queue ou à l'intérieur des cortèges, pour en ouvrir ou en fermer la marche, ou en séparer les différents groupes, qu'aux gardes ou piquets disposés sur leurs parcours. Ces troupes doivent toujours marcher par fractions constituées et en ordre militaire, sans se mélanger aux éléments civils.

2° *Participation directe de l'armée aux fêtes, cérémonies ou représentations théâtrales pour en rehausser l'éclat, soit par la présence des troupes soit par des prêts de chevaux ou de matériel, soit par le concours des musiques ou de figurants militaires.*

Dans ce cas, les demandes des municipalités ou des sociétés civiles ne peuvent être accordées que sous la condition expresse

---

(1)   *Décret du 4 octobre 1891.*

Art. 64. — Les autorités civiles qui sont en droit de faire des réquisitions sont : les préfets, les sous-préfets, les maires, les adjoints aux maires, les procureurs généraux près les cours d'appel, les procureurs de la République près les tribunaux de première instance et leurs substituts, les présidents de cours ou de tribunaux, les juges d'instruction, les juges de paix et les commissaires de police,

Dans les cas urgents, les officiers et sous-officiers de gendarmerie peuvent requérir directement l'assistance de la troupe, qui est tenue de déférer à leurs réquisitions et de leur prêter main-forte.

Les réquisitions doivent être faites par écrit, rédigées de manière à mettre en évidence leur motif et leur objet, et être signées par l'autorité requérante.

Art. 166. L'autorité civile et le commandant d'armes déterminent de concert l'emplacement où les salves d'artillerie doivent se faire lors des fêtes et des cérémonies publiques, en vue de prévenir tout inconvénient ou dommage qui pourrait en résulter pour les habitants.

Art. 167. Lorsque l'intervention des troupes est jugée nécessaire pour maintenir l'ordre public et pour assurer l'exécution des lois, l'autorité militaire agit sur la réquisition écrite des autorités compétentes et, autant que possible, après s'être concertée avec elles. Les motifs et l'objet de la réquisition doivent être clairement exprimés.

Le choix et l'exécution des mesures à prendre appartiennent exclusivement à l'autorité militaire, dont la responsabilité à cet égard reste entière.

d'avoir été soumises à l'autorité administrative, représentée soit par le Ministre de l'intérieur, soit par les préfets, suivant que le pouvoir de statuer appartient, soit au Ministre de la guerre, soit aux commandants de corps d'armée ou à leurs délégués.

Les demandes concernant l'organisation de carrousels, le déplacement du personnel des écoles relevant directement du Ministre (école normale de gymnastique et d'escrime, école d'application de cavalerie, etc.), celui des musiques militaires hors de la région où elles sont stationnées, doivent toujours être déférées à la décision du Ministre de la guerre (Cabinet).

Les demandes de prêt d'armes (portatives ou d'affût et de pièces d'armes en service lui sont également transmises (Direction de l'Artillerie).

Les généraux commandants de corps d'armée déterminent les droits des autorités militaires qui leur sont subordonnées en ce qui concerne les autorisations qui ne sont pas du ressort du Ministre.

Ils se réservent les autorisations de déplacer les musiques dans l'intérieur de leur région.

Les commandants d'armes sont, d'ailleurs, en principe, autorisés à faire jouer les musiques de la garnison sur les places ou dans les jardins publics, et à faire exécuter des retraites en musique.

Lorsque les musiques sont prêtées pour des fêtes ou cérémonies civiles, les municipalités doivent se mettre en règle avec la société des auteurs et compositeurs de musique pour les morceaux à exécuter.

Les demandes de prêt d'armes ou de matériel doivent renfermer une clause engageant la responsabilité pécuniaire de leurs auteurs pour toute perte ou dégradation constatée contradictoirement lors de la réintégration des objets prêtés.

D'une manière générale, l'intervention de l'armée dans les fêtes ou cérémonies civiles est réglée par les prescriptions suivantes :

1° Les militaires autorisés à prendre part à des fêtes ou à des cérémonies civiles ne doivent y figurer qu'en tenue réglementaire, sans jamais y paraître déguisés ou travestis ; ils peuvent, toutefois, si les fonctions qui leur sont confiées le comportent (notamment celles de quêteur à pied ou à cheval, commissaire, etc.), porter un insigne ou même un costume distinctif approuvé par l'autorité militaire ;

2° Il n'est mis à la disposition des directeurs de théâtre, comme figurant, aucun militaire, même de bonne volonté ;

3° L'armée ne prend jamais part à des fêtes ou cérémonies au cours desquelles on doit exécuter des manœuvres spéciales nécessitant une préparation particulière capable de la distraire de ses exercices normaux ;

4° On ne doit faire tirer des salves et manœuvrer des pièces d'artillerie que par des militaires appartenant à l'arme ;

5° Les chevaux, de même que les armes en service, prêtés exceptionnellement, ne doivent jamais être mis à la disposition de personnes étrangères à l'armée ;

6° Le concours de l'armée ne doit, en aucun cas, entraîner de dépenses ou de responsabilité pour le département de la guerre ; ce concours est toujours subordonné aux nécessités du service ;

7° Autant l'autorité militaire compétente peut se montrer large vis-à-vis des demandes, quand il s'agit de buts charitables ou d'assistance publique, autant il convient qu'elle soit réservée à l'égard de celles qui pourraient avoir un caractère de spéculation intéressée.

Elle doit, d'ailleurs, éviter, autant que possible, de priver les militaires du repos nécessaire du dimanche.

Les circulaires des 24 janvier et 30 juin 1888, 23 avril et 20 mai 1891, 28 juin 1892 et 16 juin 1894 sont abrogées.

Signé : Gal ZURLINDEN.

Note ministérielle du 3 septembre 1891, relative aux réunions militaires auxquelles les officiers de réserve et de l'armée territoriale doivent toujours être admis en tenue et aux moyens de publicité à employer pour faire connaître ces réunions aux intéressés.

Les officiers de réserve et de l'armée territoriale doivent toujours être, sans invitation spéciale, admis en tenue, à la gauche des officiers sans troupe, à toutes les revues extérieures, réunions officielles ou cérémonies officielles où figurent les officiers de la garnison.

En raison de l'impossibilité de porter individuellement à la connaissance des officiers de réserve et de l'armée territoriale intéressés les revues, réunions ou cérémonies dont il s'agit, elles feront l'objet de communications qui seront affichées à la porte extérieure des bureaux de la place où elles devront avoir lieu.

Ces avis seront, en outre, affichés aux portes extérieures des préfectures, des sous-préfectures et des mairies dépendant de la place où auront lieu les revues, réunions ou cérémonies. A cet effet, les gouverneurs militaires de Paris et de Lyon et les généraux commandant les corps d'armée transmettront, en temps utile, les indications nécessaires à MM. les préfets intéressés.

Les dispositions qui précèdent seront rappelées aux officiers de réserve et de l'armée territoriale au cours des périodes d'appel et des stages pour lesquels ils seront convoqués ; ces officiers seront, en conséquence, invités à consulter les affiches dont il est question ci-dessus, afin d'être exactement renseignés au sujet des jours et heures des revues, réunions et cérémonies auxquelles ils voudront assister.

(L'insertion, pour notification, du présent document a été faite dans le *Journal officiel* du 5 septembre 1891.)

**Convocations à adresser au personnel des sections techniques
de chemins de fer et de la télégraphie militaire.**

Le Ministre de la guerre a décidé que les agents supérieurs
des sections techniques de chemins de fer de campagne, lorsque
leur service fonctionnera militairement dans la place, seront convoqués par les autorités militaires compétentes aux cérémonies
officielles auxquelles l'armée est appelée à prendre part, par des
délégations, et qu'ils assisteront en uniforme à ces cérémonies.
(Note minist. du 26 juin 1881.)

Le fonctionnement des directions en sections techniques peut
être considéré comme permanent et les agents supérieurs qui en
constituent les cadres étant sans cesse à la disposition du département de la guerre, il convient de convoquer ces agents à toutes
les cérémonies officielles, réceptions, etc., auxquelles l'armée est
appelée à prendre part.

Ces dispositions sont également applicables aux agents supérieurs de la télégraphie militaire. (Dép. minist. du 5 juillet 1883.)

L'hymne intitulé *Hymne des Marseillais* **sera exécuté dans toutes
les circonstances où les musiques militaires sont appelées à
jouer un air officiel.**

(Circ. du 24 février 1879. — Correspondance générale.)

Mon cher général, un décret-loi du 26 messidor an III (14 juillet 1795), inséré au *Bulletin des lois* et qui n'a jamais été rapporté,
porte que le morceau de musique intitulé : *Hymne des Marseillais*
sera exécuté par les musiques militaires (1).

En conséquence, il y a lieu de se conformer à cette loi dans
toutes les circonstances où les musiques militaires sont appelées
à jouer un air officiel. Toutes les dispositions contraires à cette prescription seront considérées comme non avenues.

Recevez, etc.

Le Ministre de la guerre,
Signé : H. GRESLEY.

---

(1) Les musiques militaires possèdent l'édition militaire officielle de la
Marseillaise, qui, seule, doit être jouée. (Circ. du 11 août 1886. — Cabinet;
Correspondance générale.)

Au sujet du concours que prêtent les membres de l'armée à des érections de monuments commémoratifs.

(Circ. du 11 juin 1894.)

Mon cher Général, il arrive souvent que des membres de l'armée prêtent leur concours à des érections de monuments commémoratifs ou assistent officiellement aux fêtes et cérémonies d'inauguration de ces monuments, sans se préoccuper de savoir, au préalable, si les comités d'initiative de ces œuvres ont obtenu, ou non, l'approbation de l'autorité administrative supérieure.

J'ai l'honneur de vous faire connaître que j'ai décidé que les membres de l'armée ne pourront dorénavant, quel que soit le caractère de l'œuvre, prêter, même individuellement, leur concours à des érections de monuments commémoratifs ou assister aux fêtes et cérémonies d'inauguration de ces monuments que si ces œuvres sont régulièrement approuvées ou contrôlées par l'administration supérieure.

Signé : **A. Mercier.**

Interdiction aux militaires de tous grades de prendre part aux concours de marche.

(Circ. du 18 juillet 1892.)

Mon cher Général, j'ai l'honneur de porter à votre connaissance le refus que je viens d'opposer aux membres du comité d'organisation d'un « concours de marche » qui m'avaient demandé d'autoriser la participation des militaires à ce concours et d'accorder des prix destinés à en encourager le développement.

Tout en appréciant la pensée qui a inspiré les organisateurs, j'estime que l'armée n'a aucun profit à retirer de ces luttes de vitesse, qui n'ont rien de commun avec les méthodes d'éducation du fantassin.

Tous nos règlements ont en vue de former de bons marcheurs par un entraînement graduel et raisonné, dont le maximum ne doit pas dépasser la limite des efforts qu'un homme de force et de constitution moyenne peut fournir, d'une façon suivie, sans risque pour sa santé.

Loin de sacrifier au facteur de la vitesse, ils limitent la longueur et la rapidité des marches, ils déterminent les heures ainsi que la durée des haltes, et ils donnent la progression à observer pour que les hommes deviennent capables d'exécuter une série de marches avec le chargement complet.

Il n'y a donc aucun intérêt à laisser l'armée participer à des courses qui exigent un effort violent, reconnu par les médecins préjudiciable à la santé et pouvant causer dans l'organisme des désordres graves.

Vous voudrez bien, en conséquence, interdire aux militaires de tous grades placés sous vos ordres, soit de prendre part aux concours de marche auxquels ils pourraient être conviés, soit d'en organiser entre eux.

J'ajoute que, d'une manière générale, je suis opposé à tout surmenage provenant d'exagérations apportées dans la pratique des exercices pédestres, vélocipédiques, gymnastiques et autres, et je vous prie de n'en pas tolérer dans l'étendue de votre commandement.

Signé : C. de Freycinet.

CHAPITRE II.

a) Prêt d'armes et de pièces d'armes.

(V. la dépêche minist. du 7 mai 1895 reproduite plus haut.)

b) Prêt de matériel de campement.

(Dép. minist. du 2 juin 1892, n° 3554. — 5° Direction, 4° Bureau.)

Le prêt de fournitures de couchage auxiliaire et de grandes tentes de campement à l'occasion de concours de tir, de gymnastique, de musique, etc., organisés dans différentes villes, est autorisé par les généraux commandant les corps d'armée, sous les réserves suivantes :

1° Le prêt ne doit avoir lieu que dans les limites des ressources disponibles de la région et s'il n'en résulte aucune gêne pour le service militaire.

Les effets de couchage ne sont pas garnis de paille.

2° Il n'est consenti qu'en faveur de sociétés françaises dont les demandes sont appuyées par les municipalités intéressées avec avis favorable du préfet;

3° Les frais pouvant résulter des prêts (transport, emballage, lavage, réparations, pertes, etc.) sont à la charge des sociétés ou des municipalités, suivant que la demande de prêt est faite par une société ou, directement, par une municipalité; ..

4° Les municipalités doivent prendre l'engagement de rembourser intégralement le montant des frais par voie de versement au Trésor, dans le cas où le payement n'en serait pas effectué par les sociétés. Si elle refusait de se conformer à l'ordre de reversement, la municipalité intéressée serait constituée débitrice envers le Trésor public;

5° Si la demande de prêt n'est pas accompagnée de l'engagement en question, délivré par une municipalité, le commandant du corps d'armée examine si, d'après les garanties offertes par les personnes qui représentent les sociétés, le prêt paraît néanmoins pouvoir être autorisé sans danger de perte pour l'Etat; mais, dans cette éventualité, il convient d'exiger le dépôt, dans une caisse publique, à titre de cautionnement, d'une somme représentant environ le vingtième et, au maximum, le dixième de la valeur du matériel prêté.

Les généraux commandant les corps d'armée ont d'ailleurs le droit d'apprécier, dans des circonstances spéciales et après avoir pris, s'ils le jugent utile, l'avis des préfets des départements où les concours doivent avoir lieu, s'il convient de ne pas accueillir les demandes.

TITRE IV.

RANGS ET PRÉSÉANCES DANS LES CÉRÉMONIES PUBLIQUES ET CÉRÉMONIES OFFICIELLES.

CHAPITRE Ier.

RANGS DE PRÉSÉANCE DES DIVERSES AUTORITÉS AYANT RANG INDIVIDUEL.

(Décret du 24 messidor an XII, art. 1er; tableau annexé à la circulaire ministérielle du 31 décembre 1875, et décret du 4 octobre 1891, art. 246.)

Lorsque les autorités civiles et les autorités militaires de terre et de mer, ayant rang individuel, doivent assister aux cérémonies publiques et cérémonies officielles, elles y prennent rang et séance dans l'ordre suivant :

1. Cardinaux.
2. Ministres.
3. Maréchaux; amiraux.
4. Grand chancelier de la Légion d'honneur.
5. Conseillers d'Etat en mission, en vertu d'un décret du Président de la République.

6. Généraux de division, gouverneurs de Paris ou de Lyon.
   Généraux de division commandant les corps d'armée.
   Vice-amiraux commandant en chef, préfets maritimes.
7. Députations des grands-croix et grands-officiers de la Légion d'honneur.
8. Généraux de division commandant les régions de corps d'armée après le départ du corps d'armée mobilisé.
9. Premiers présidents de Cours d'appel.
10. Archevêques.
11. Généraux de division commandant un groupe de subdivisions de région.
12. Préfets.
13. Présidents de Cours d'assises.
14. Evêques.
15. Généraux de brigade commandant une ou plusieurs subdivisions de région.
    Contre-amiraux majors généraux de la marine.
    Généraux de brigade commandant les subdivisions de région après le départ du corps d'armée mobilisé.
16. Commissaires généraux de police (1).
17. Sous-préfets.
18. Président du tribunal de première instance.
19. Président du tribunal de commerce.
20. Maires.
21. Commandants d'armes d'un grade inférieur à celui de général, chefs d'état-major des arrondissements maritimes qui ne sont pas contre-amiraux.
22. Présidents de consistoires.
23. Députation des membres de la Légion d'honneur.

Les gouverneurs de places fortes, en temps de guerre, occupent le premier rang dans la place dont ils ont le commandement, à moins d'une décision spéciale du Président de la République.

Les gouverneurs de Paris et de Lyon, les commandants des corps d'armée et des régions de corps d'armée, prennent rang et séance dans toute l'étendue de leur commandement.

Les généraux pourvus d'un commandement de corps d'armée prennent, en toute circonstance, rang avant les généraux de division non pourvus d'un commandement de cette nature. (Décis. présid. du 19 novembre 1873.) Cette décision est applicable aux généraux de division membres du conseil supérieur de la guerre (Décis. présid. du 26 novembre 1881) et aux généraux de division présidents des comités techniques d'état-major, de l'infanterie, de la cavalerie, de l'artillerie et du génie.

Toutefois, les officiers généraux, présidents de ces comités,

---

(1) Ce rang n'appartient point aux commissaires centraux. Ces fonctionnaires doivent prendre rang dans les cérémonies publiques parmi les commissaires de police et à leur tête. (Avis du conseil d'Etat du 9 mars 1876.)

prennent rang après les généraux de division, membres titulaires
du conseil supérieur de la guerre ou investis d'un commandement de corps d'armée. (Décret du 28 septembre 1893.)

Les vice-amiraux commandant en chef, préfets maritimes,
prennent rang et séance dans l'étendue de l'arrondissement maritime à la tête duquel ils sont placés.

Au chef-lieu de son arrondissement, le vice-amiral commandant en chef préfet maritime a, dans l'arsenal maritime et dans
la place, la préséance sur le général de division commandant le
corps d'armée. Il prend rang, après lui, dans tous les autres lieux
de la région du corps d'armée.

Les généraux de division et de brigade investis du commandement des subdivisions de région prennent rang et séance dans
toute l'étendue de ces subdivisions ; mais, hors du chef-lieu de
leur commandement, ils ne peuvent réclamer les prérogatives
attachées à la préséance que si leur voyage a été annoncé officiellement par le général commandant le corps d'armée ou la
région de corps d'armée.

Les décisions du Ministre de la guerre en vertu desquelles des
généraux de division et de brigade commandant les divisions et
brigades sont investis d'un commandement territorial, doivent,
pour produire leur effet, en ce qui concerne les rangs, préséances
et honneurs, être notifiées, par le général commandant la région
du corps d'armée, aux préfets, qui en informent les autorités intéressées. (Décret du 28 décembre 1875, art. 3.)

Les contre-amiraux majors généraux de la marine prennent
rang et séance dans le chef-lieu de l'arrondissement maritime où
ils exercent leurs fonctions.

Les majors généraux de la marine qui ne sont pas contre-amiraux prennent, dans le chef-lieu de l'arrondissement maritime,
rang et séance immédiatement après le sous-préfet. (Décret du
28 décembre 1875, art. 5.)

Les généraux de brigade investis du commandement territorial
des subdivisions de région dans lesquelles est compris un port
militaire, chef-lieu d'arrondissement maritime, prennent rang
dans les cérémonies publiques avec le contre-amiral major général de la marine, en observant, pour la préséance, l'ordre d'ancienneté dans le grade d'officier général.

Toutefois, si la cérémonie a lieu dans l'un des établissements
de la marine, la préséance appartient au contre-amiral major
général ; réciproquement, si la cérémonie a lieu dans un des établissements de la guerre, la préséance appartient au général de
brigade.

En Algérie, les commandants des divisions prennent rang, quel
que soit leur grade, avant les préfets ; les commandants des subdivisions, également quel que soit leur grade, avant les sous-préfets. (Décret du 5 juin 1849.)

Lorsque des troupes tiennent garnison dans une ville où résident un ou plusieurs officiers généraux dont aucun n'est investi du commandement territorial, celui de ces officiers généraux qui est le plus ancien dans le grade le plus élevé y prend rang et séance avec le rang attribué à l'officier général de son grade investi du commandement territorial de subdivision de région.

Une place convenable et spéciale doit être affectée dans les cérémonies publiques aux sénateurs, conseillers d'Etat et députés en costume, sans toutefois porter atteinte aux dispositions du décret du 24 messidor an XII. (Circ. du 7 juillet 1859. — Correspondance générale.)

Dans aucun cas, les rangs et honneurs accordés à un corps n'appartiennent individuellement aux membres qui le composent. (Décret du 24 messidor an XII, art. 3.)

Les procureurs généraux, ne figurant pas parmi les autorités ayant rang individuel, doivent régulièrement, dans les cérémonies publiques, prendre place avec les cours d'appel, c'est-à-dire se placer dans le groupe composé des membres de ces cours. (Dép. minist. du 11 avril 1893. — Cabinet, Correspondance générale.)

Les fonctionnaires ou corps qui ne sont pas désignés dans le décret du 24 messidor an XII ou dans ses annexes, ne peuvent être admis que par tolérance dans les cérémonies publiques (Dép. minist. du 7 juillet 1853. — Correspondance générale) (1).

Gouverneurs des places fortes, adjoints aux Gouverneurs, états-majors.

(Note du 9 avril 1887. *B. O.*, p. 658.)

Les gouverneurs de places fortes commandants supérieurs de la défense, étant investis du commandement d'une ou de plusieurs subdivisions de région, doivent, conformément aux bases établies plus haut, prendre rang et séance après les premiers présidents de cours d'appel et les archevêques, s'ils sont généraux de division, et après les préfets, les présidents de cours d'assises et les évêques, s'ils sont généraux de brigade.

Mais, le même rang ne pouvant être occupé simultanément, et en vertu de titres analogues, dans une même résidence, par deux autorités distinctes, il doit être entendu que si, éventuellement, la place forte où un général de division commandant supérieur de la

---

(1) Voir la dépêche ministérielle du 15 octobre 1894, reproduite page 96, au sujet de l'entente préalable entre les diverses autorités locales pour déterminer les rangs de préséances de ces fonctionnaires ou corps.

défense exerce, concurremment avec ces fonctions spéciales, le commandement territorial, se treuve être également la résidence d'un général de division commandant un groupe de subdivisions de région, ce dernier n'aura plus qualité pour réclamer les prérogatives attachées à la préséance dans le chef-lieu de subdivision de région dont le commandement aura cessé de lui appartenir; il continuera, toutefois, à prendre rang et séance, d'après le rang individuel qui lui est assigné, dans les subdivisions de région placées sous son commandement, sous la réserve que son voyage aura été annoncé officiellement par le général commandant le corps d'armée.

Les généraux de brigade adjoints aux gouverneurs commandants supérieurs de la défense et exerçant, sous les ordres de ces derniers, le commandement territorial doivent, conformément aux dispositions de l'article 246 du décret sur le service des places, occuper le rang qui leur est assigné, en vertu de leurs fonctions de commandants du territoire et d'après leur grade, après les préfets, les présidents de cours d'assises et les évêques.

Les officiers constituant les états-majors des gouverneurs commandants supérieurs de la défense doivent prendre place, avec les officiers de leur arme ou de leur service, dans les états-majors des divisions ou des brigades suivant que le commandant supérieur est pourvu du grade de général de division ou de général de brigade; les officiers constituant les états-majors des généraux de brigade adjoints aux commandants supérieurs de la défense doivent prendre place, avec les officiers de leur arme ou de leur service, dans l'état-major de la brigade.

Toutefois, s'il n'y a pas, dans la garnison, d'état-major de division ou de brigade appelé à constituer la représentation territoriale, l'état-major du commandant supérieur de la défense, quand celui-ci est général de division, prend rang après la cour d'appel; si le commandant supérieur est général de brigade, son état-major prend rang après le tribunal de 1re instance; en tout état de cause, l'état-major du général de brigade adjoint a rang après le tribunal de 1re instance.

Rang attribué, dans les cérémonies publiques, aux grands-croix et aux grands officiers de la Légion d'honneur faisant partie de l'armée.

(Circ. du 20 septembre 1832.)

Général, une circonstance récente a fait naître la question de savoir si les fonctionnaires publics grands-croix ou grands officiers de la Légion d'honneur doivent prendre, dans les cérémonies, le rang que le décret du 24 messidor an XII (art. 1er) attribue aux grands officiers de cet ordre, ou celui qui est assigné aux fonctions dont ils sont revêtus.

J'ai considéré que, pour que les grands-croix et les grands officiers de la Légion d'honneur puissent assister comme tels aux cérémonies publiques, il faut qu'ils aient reçu à cet effet une convocation expresse et personnelle du grand-chancelier, d'après l'ordre du Roi, dans les formes prescrites par l'article 50 de l'ordonnance du 26 mars 1816; que dans tout autre cas ces distinctions individuelles ne pourraient établir un droit à la préséance sans que la hiérarchie des pouvoirs fût méconnue; qu'il pourrait même arriver que des personnes qui ne seraient revêtues d'aucune fonction publique obtinssent ainsi le pas sur les autorités constituées; que d'ailleurs, le principe qui veut que le rang soit déterminé par les fonctions a été consacré d'une manière formelle à l'égard des pairs de France, par l'avis du conseil d'Etat du 24 août 1822, et à l'égard des conseillers d'Etat par l'article 16 de l'ordonnance du 5 novembre 1828.

En conséquence, j'ai décidé que, lorsque des grands-croix et des grands officiers de la Légion d'honneur, faisant partie de l'armée, assisteront, en raison de leur grade et de leurs fonctions, à des cérémonies publiques, ils ne pourront prendre que le rang attribué à ce grade et à ces fonctions.

Vous voudrez bien prescrire à cet effet les dispositions nécessaires.

Le ministre secrétaire d'État de la guerre,
Signé : Maréchal duc DE DALMATIE.

Les fonctions de commandant d'armes ne confèrent de rang individuel qu'aux officiers d'un grade inférieur à celui de général de brigade.

(Dép. minist. du 9 décembre 1891. — Cabinet, Correspondance générale.)

Le Président du conseil, Ministre de la guerre, à M. le Général commandant le " corps d'armée.

Mon cher Général, par votre lettre du 5 décembre courant vous m'avez consulté sur la question suivante :

M. le général X... est actuellement commandant d'armes de..., comme étant plus ancien de grade que M. le général Y..., commandant la... brigade d'infanterie et les 3° et 4° subdivisions de la... région.

M. le général X... doit-il, dans les cérémonies publiques et les cérémonies officielles, prendre rang et séance avant M. le général Y...?

J'ai l'honneur de vous faire connaître que, conformément aux dispositions des titres VII et VIII du décret du 4 octobre 1891, portant règlement sur le service dans les places de guerre et les villes ouvertes, les fonctions de commandant d'armes ne confèrent de rang individuel, n'ouvrent de droits et n'imposent des obligations, en ce qui touche les honneurs civils, qu'aux officiers d'un grade inférieur à celui de général de brigade.

Pour les officiers généraux, c'est l'exercice du commandement territorial seul qui leur donne rang et séance dans les cérémonies publiques. (Art. 246 dudit décret.)

En l'espèce M. le général Y..., exerçant le commandement territorial, doit donc seul prendre rang et séance dans les cérémonies publiques.

Signé : C. DE FREYCINET.

CHAPITRE II.

Rangs des officiers généraux et autres, des fonctionnaires et employés militaires convoqués en corps.

(Décrets des 24 messidor an XII, 28 décembre 1875 et 4 octobre 1891.)

Les officiers généraux, supérieurs et autres, les fonctionnaires et employés des armées de terre et de mer, convoqués en corps pour les cérémonies publiques, sont répartis par groupes d'états-majors qui prennent rang, avec les autorités civiles, dans l'ordre suivant :

1. Sénat.
2. Chambre des députés.
3. Conseil d'Etat.
4. Cour de cassation.
5. Cour des comptes.
6. Conseil supérieur de l'instruction publique.
7 Cour d'appel.
8. Etats-majors relevant directement du Ministre de la guerre.
9. Etats-majors relevant directement du Ministre de la marine.
10. Etat-major des gouvernements de Paris et de Lyon ou des corps d'armée.
11. Etat-major de la préfecture maritime.
12. Etat-major de la région constitué après le départ du corps d'armée mobilisé.
13. Etat-major de la division, soit que le commandement territorial ait été ou n'ait pas été réuni au commandement de la division.
14. Cour d'assises.
15. Conseil de préfecture.
16. Tribunal de première instance.
17. Etat-major de la majorité générale de la marine.
18. Etat-major de la brigade, soit que le commandement territorial ait été ou n'ait pas été réuni au commandement de la brigade.
19. Conseil municipal.
20. Corps académiques.
21. Etat-major de la place.
22. Tribunal de commerce.
23. Chambre de commerce.
24. Juges de paix.
25. Commissaires de police.
26. Corps d'officiers de troupe.

Dans les ports chefs-lieux d'arrondissements maritimes, l'état-major de la préfecture maritime est placé avant l'état-major du corps d'armée.

Si, après le départ du corps d'armée mobilisé, il est constitué des états-majors de subdivision de région, ceux-ci prennent le rang assigné à l'état-major de la brigade.

Lorsqu'il n'y a pas d'état-major de division ou de subdivision territoriale, les états-majors des divisions ou brigades actives les remplacent, de telle sorte que les officiers, fonctionnaires et employés des armées de terre et de mer trouvent toujours un état-major auquel ils peuvent se joindre. A défaut, dans la localité, de l'état-major où ils doivent prendre place, ils se réunissent au plus élevé des états-majors inférieurs.

S'il y a, dans les garnisons, des divisions ou brigades actives dont les états-majors ne soient pas appelés à constituer la représentation territoriale, ces états-majors, précédés de leurs généraux, se placent en tête des officiers des corps de troupe desdites divisions ou brigades.

Dans les cérémonies officielles, les états-majors et corps convoqués ne sont représentés que par des députations se composant, pour chaque état-major, corps ou service, des officiers généraux ou assimilés, des chefs de corps et de service et d'un officier ou d'un assimilé de chaque grade.

CLASSEMENT DU PERSONNEL DANS LES GROUPES.

1° *Armée de terre.*

États-majors relevant directement du Ministre de la guerre.

L'état-major du Ministre.
Le corps du contrôle de l'administration de l'armée.
Les directeurs et le personnel de l'administration centrale.
Les comités et les conseils.
L'état-major de l'hôtel des Invalides.
Les états-majors des écoles placées sous la direction immédiate du Ministre.
Les officiers du dépôt central de l'artillerie et du dépôt des fortifications.
Les officiers des établissements placés sous la direction immédiate du Ministre.

Etats-majors des gouvernements militaires, corps d'armée, divisions et brigades.

Le personnel du service d'état-major (section active et section territoriale).
L'état-major particulier de l'artillerie.
L'état-major particulier du génie.
Le corps de l'intendance militaire.
Le corps des ingénieurs des poudres et salpêtres.
Le corps de santé militaire.
Les aumôniers.
Le personnel de la justice militaire.
Les officiers de gendarmerie.
Le personnel du recrutement.

Le personnel de la remonte.
Les vétérinaires.
Les archivistes.
Les gardes d'artillerie.
Les adjoints du génie.
Les officiers d'administration.
Les interprètes.
Le personnel du service des chemins de fer.
Le personnel du service télégraphique.
Le personnel du service de la trésorerie et des postes.

État-major de la place.

Les officiers et employés militaires d'artillerie
et du génie,
    Les officiers du service de santé,
    Les aumôniers,
    Les vétérinaires,
    Le personnel des services administratifs,
    Les interprètes
                           Attachés au service de la place.

Les officiers généraux, les contrôleurs, les intendants et les inspecteurs du service de santé, en mission ou disponibles, présents dans la localité, se joignent au groupe d'état-major du commandement le plus élevé.

Les officiers, fonctionnaires et employés qui ne font pas partie des commandements actifs, prennent place avec les officiers de leur arme ou de leur service dans les états-majors des corps d'armée, des divisions, des brigades ou de la place, suivant que l'étendue de leur service, relativement au territoire, les rattache à l'un ou à l'autre de ces groupes.

Hors Paris, les officiers, fonctionnaires et employés des établissements et des Écoles, ressortissant directement au ministère de la guerre, prennent rang, avec le personnel de leur arme ou de leur service, à l'état-major le plus élevé de la localité où ils se trouvent.

Dans chaque groupe de chaque état-major, les officiers généraux et autres, les fonctionnaires et employés se placent par service suivant leur grade et leur rang, le plus ancien prenant la droite.

Les corps d'officiers de troupe prennent rang avec l'état-major de la place, et à sa suite dans l'ordre de bataille des fractions constituées de la garnison.

Les corps d'officiers de l'armée territoriale marchent après les corps d'officiers de l'armée active de leur arme ou de leur service.

2° *Armée de mer.*

Etats-majors relevant directement du Ministre de la marine.

L'état-major du Ministre.
Le comité des inspecteurs généraux de la marine.
Les directeurs et le personnel de l'administration centrale.
Les conseils et comités de la marine.
Le personnel du dépôt des cartes et plans.
Les inspecteurs généraux.
Les inspecteurs généraux adjoints.
Les officiers généraux, supérieurs et autres en service ou en résidence à Paris.
Les officiers et le personnel de l'Ecole du génie maritime.

Etat-major de la préfecture maritime.

Les vice-amiraux et contre-amiraux autres que le préfet maritime et le major général.
Les officiers généraux des troupes de la marine.
Les inspecteurs généraux des divers services de la marine en mission dans le port.
Le directeur des constructions navales.
Le commissaire général.
L'inspecteur en chef des services administratifs.
Le directeur du service de santé.
Le chef d'état-major de l'arrondissement maritime lorsqu'il n'est pas contre-amiral.
Les directeurs des mouvements du port, de l'artillerie et des travaux hydrauliques.
Les officiers supérieurs et autres attachés aux états-majors généraux.

Etat-major de la majorité générale.

Les officiers de marine.
Les officiers mécaniciens.
Les officiers de l'état-major particulier de l'artillerie.
Les officiers de la gendarmerie.
Les officiers du génie maritime.
Les officiers du génie hydrographique.
Les officiers du commissariat de la marine.
Les officiers de l'inspection des services administratifs.
Les officiers du service de santé.
Les aumôniers.
Le personnel de la justice maritime.
Les agents du personnel administratif, des directions de travaux, agents comptables des matières et manutentionnaires des subsistances.
Les examinateurs et professeurs de l'Ecole navale et des écoles d'hydrographie.

Les trésoriers des Invalides de la marine.
Les gardes d'artillerie.
Les ingénieurs des travaux hydrauliques.

Dans chaque groupe de chaque état-major, comme dans l'armée de terre, les officiers généraux et autres, les fonctionnaires et employés se placent par service suivant leur grade et leur rang, le plus ancien prenant la droite.

Les corps d'officiers de troupe prennent rang après les états-majors.

Dans les ports et villes qui ne sont pas sièges de préfecture maritime, le chef du service de la marine se réunit, ainsi que les commandants des bâtiments sur rade ou dans le port, à l'état-major le plus élevé; tous les autres officiers, fonctionnaires ou employés de la marine se réunissent à l'état-major de la place.

OFFICIERS RETIRÉS DU SERVICE.

Les officiers de tous grades retirés du service peuvent assister en tenue aux cérémonies publiques.

Les officiers généraux se réunissent à l'état-major du corps d'armée ou de la préfecture maritime à la suite des officiers généraux du cadre d'activité; les officiers supérieurs et autres, à l'état-major de la majorité générale ou de la place, après tous les officiers en activité ou en disponibilité.

Rang des troupes.

L'ordre de bataille pour les réunions de troupe, parades, revues, cérémonies publiques, etc., est réglé comme il suit :

Armée de terre.

1° Troupes à pied.

Invalides.

Gendarmerie............ { Gendarmerie départementale. / Gendarmerie mobile. / Garde républicaine.

Sapeurs-pompiers des communes.

Sapeurs-pompiers de la ville de Paris.

Artillerie à pied et sans son matériel.......... { Bataillons et régiments. / Ouvriers. / Artificiers.

Génie sans son matériel. { Sapeurs-mineurs. / Ouvriers militaires de chemins de fer. / Sapeurs-conducteurs à pied.

Infanterie...........
- Chasseurs à pied.
- Douaniers........ }
- Chasseurs forestiers. } Les compagnies ou sections actives marchent à la suite des compagnies ou sections de forteresse.
- Zouaves.
- Infanterie de ligne.
- Infanterie légère d'Afrique.
- Officiers des compagnies de discipline.
- Tirailleurs algériens.
- Régiments étrangers.

Train des équipages militaires, sans son matériel.

Services particuliers....
- Sections techniques d'ouvriers de chemins de fer......... } sans matériel.
- Service de la télégraphie ..... }
- Service de la trésorerie et des postes.
- Sections de secrétaires d'état-major et du recrutement.
- Sections de commis et ouvriers d'administration.
- Sections d'infirmiers.

2° Troupes à cheval ou avec leur matériel.

Artillerie.
Génie. — Sapeurs-conducteurs.
Train des équipages militaires.

Services particuliers....
- Sections techniques d'ouvriers de chemins de fer.
- Service de la télégraphie.
- Service de la trésorerie et des postes.
- Service des ambulances.

3° Troupes à cheval.

Gendarmerie départementale.
Garde républicaine.

Cavalerie.............
- Eclaireurs volontaires.
- Brigades à cheval des douanes.
- Escadrons des chasseurs forestiers.
- Chasseurs d'Afrique.
- Hussards.
- Chasseurs.
- Dragons.
- Cuirassiers.
- Cavaliers de remonte.
- Spahis.

Armée de mer.

1° Troupes à pied.

Gendarmerie.
Equipages de la flotte.
Artillerie de la marine.

Infanterie de la marine.
Pompiers de la marine.
Gardes consignes.

3° Troupes à cheval.

Gendarmerie.
Artillerie montée.

Les troupes indigènes des colonies se placent à la gauche des troupes nationales de leur arme.

Dispositions spéciales.

L'ordre précédent peut être observé séparément par chaque division ou corps d'armée ; toutefois, on peut réunir les troupes de même arme, soit pour former la haie, soit pour former le défilé.

A bord, dans l'arsenal ou sur les terrains de la marine, les troupes de l'armée de mer prennent la droite. Elles prennent la gauche à terre, hors de l'arsenal et des terrains de la marine.

Les troupes de l'armée territoriale prennent la gauche des troupes de leur arme de l'armée active.

Si les troupes doivent être formées en haie, le côté droit est déterminé par la direction que suit le cortège. Quand une troupe, dans la haie, occupe le côté droit, considéré comme place d'honneur, on dit qu'elle prend la droite ; quand elle occupe le côté gauche, elle prend la gauche.

Composition du corps académique au point de vue des préséances.

(Note du 26 avril 1877, *J. M.*, p. 467.)

Les recteurs et, à leur défaut, les inspecteurs académiques, représentent le corps académique, auxquels se réunissent les divers fonctionnaires de l'Université. Dans les départements où il y a un recteur ou un inspecteur d'académie, le proviseur du lycée ou le principal du collège municipal et les professeurs de ces établissements suivent le corps académique.

Dans les localités où il n'y a ni recteur, ni inspecteur d'académie, les professeurs d'un lycée ou d'un collège communal ne sauraient être considérés comme représentant le corps académique.

Places réservées aux sénateurs, conseillers d'Etat et députés, dans les cérémonies publiques.

(Circ. du 7 juillet 1850. — Correspondance générale.)

Général, d'après l'ordre de Sa Majesté l'Impératrice, M. le Ministre d'Etat a prié ses collègues de donner des instructions pour que des places d'honneur soient réservées, dans les cérémonies publiques, à MM. les membres du Sénat, du Conseil d'Etat et du Corps législatif qui se présenteront revêtus de leur costume.

L'interprétation de ces instructions est qu'une place convenable et spéciale soit affectée à MM. les sénateurs, les conseillers d'Etat et les députés en costume, sans toutefois porter atteinte aux dispositions du décret du 24 messidor an XII qui concernent les autorités ayant rang individuel ou collectif.

Je désire qu'en pareille circonstance ces deux conditions soient observées avec soin.

Recevez, etc.

Le maréchal de France,
ministre secrétaire d'État de la guerre,

Signé : RANDON.

Consuls étrangers.

(Circ. du 19 août 1859.)

Dans les cérémonies publiques une place exceptionnelle peut être déterminée pour les consuls étrangers lorsque le corps consulaire en fait la demande.

Cette place est déterminée d'après les convenances locales et de concert avec l'autorité qui doit avoir le premier rang de préséance dans la cérémonie.

La place qui convient le mieux au corps consulaire est celle qui existe entre les autorités ayant un rang individuel et les corps marchant collectivement par ordre de préséance.

Toutes les fois qu'un agent du ministère des affaires étrangères se trouve dans la ville où est célébrée la cérémonie, il marche à la tête des agents consulaires étrangers.

Missions diplomatiques. Attachés militaires.

(Circ. du 22 juin 1886. — Ministère des affaires étrangères.)

I.

Dans les cérémonies officielles où les missions diplomatiques se présentent en corps, les attachés militaires et navals et leurs adjoints forment un groupe distinct, marchant à la suite du personnel de la mission diplomatique.

II.

Dans toute autre réception où le personnel des missions es placé par rang individuel :

§ 1. — Les officiers généraux accrédités près d'une ambassade ou d'une légation, en qualité d'attachés militaires ou d'attachés navals, prennent rang immédiatement après le chef de l'ambassade ou de la légation, quel que soit le grade diplomatique de ce dernier.

Il n'est fait exception à cette règle que dans le cas où le secrétaire de l'ambassade aurait le grade de ministre plénipotentiaire. Dans ce cas, il y a lieu de s'en référer au § 3 ci-après.

§ 2. — L'officier supérieur ou subalterne, chef de la mission militaire, prend rang et séance immédiatement après le plus élevé en grade des fonctionnaires diplomatiques placés sous les ordres du chef de l'ambassade ou de la légation.

§ 3. — Les attachés militaires adjoints et les attachés navals adjoints :

Les officiers de l'armée de terre ou de mer faisant partie d'une ambassade extraordinaire, conjointement avec des fonctionnaires civils, sont placés, d'après l'ancienneté de grade, dans l'ordre indiqué ci-après :

Les généraux de division et vice-amiraux ayant le même rang que les ministres plénipotentiaires de 1re classe ;

Les généraux de brigade et les contre-amiraux, ayant celui des ministres plénipotentiaires de 2e classe ;

Les colonels et capitaines de vaisseau, celui des conseillers d'ambassade et assimilés de la carrière consulaire ;

Les lieutenants-colonels et capitaines de frégate, celui des secrétaires de 1re classe et assimilés ;

Les chefs d'escadron ou de bataillon, celui des secrétaires de 2e classe et assimilés ;

Les capitaines et les lieutenants de vaisseau, celui des secrétaires de 3e classe et assimilés ;

Les lieutenants et les enseignes de vaisseau, celui des attachés d'ambassade et assimilés.

CHAPITRE III.

DES INVITATIONS AUX CÉRÉMONIES PUBLIQUES.

(Décret du 24 messidor an XII, art. 4 à 6.)

Lorsqu'un corps ou un des fonctionnaires dénommés dans l'article 1er (v. page 27), invite, dans le local destiné à l'exercice de ses fonctions, d'autres corps ou fonctionnaires publics pour y assister à une cérémonie, le corps ou le fonctionnaire qui a fait l'invitation y conserve sa place ordinaire, et les fonctionnaires invités gardent entre eux les rangs qui leur sont assignés par le chapitre I. (Art. 4.)

Les ordres du Président de la République, pour la célébration des cérémonies publiques, sont adressés aux archevêques et évêques pour les cérémonies religieuses, et aux préfets pour les cérémonies civiles. (Art. 5.)

Lorsqu'il y a, dans le lieu de la résidence du fonctionnaire auquel les ordres du chef de l'Etat sont adressés une ou plusieurs personnes désignées avant lui dans le chapitre I, celui qui a reçu lesdits ordres se rend chez le fonctionnaire auquel la préséance est due, pour convenir du jour et de l'heure de la cérémonie. (Art. 6.)

Dans le cas contraire, ce fonctionnaire convoque chez lui, par écrit, ceux des fonctionnaires placés après lui dans l'ordre des préséances dont le concours sera nécessaire pour l'exécution des ordres du Président de la République.

CHAPITRE IV.

ORDRE SUIVANT LEQUEL LES AUTORITÉS MARCHENT DANS LES CÉRÉMONIES PUBLIQUES.

(Décret du 24 messidor an XII, art. 7 et 8.)

Les autorités appelées aux cérémonies publiques se réunissent chez la personne qui doit y occuper le premier rang. (Art. 7.)

Les autorités militaires ne sont pas tenues de se rendre chez le premier président de la cour d'appel, même lorsque celui-ci a le premier rang dans l'ordre des préséances. (Circ. du 20 août 1858.)

Les personnes ayant rang individuel marchent dans les cérémonies suivant l'ordre des préséances indiqué au chapitre I; de sorte que la personne à laquelle la préséance est due ait toujours à sa droite celle qui doit occuper le second rang, à sa gauche celle qui doit occuper le troisième, et ainsi de suite. (Art. 8.)

Ces trois personnes forment la première ligne du cortège ;

Les trois personnes suivantes la deuxième ligne ;

Les corps marchent ensuite dans l'ordre de préséance indiqué au chapitre I.

Les officiers d'ordonnance des généraux commandant les corps d'armée suivent immédiatement ces généraux (1).

De même, le secrétaire général accompagne le préfet.

CHAPITRE V.

MANIÈRE DONT LES DIVERSES AUTORITÉS SONT PLACÉES DANS LES CÉRÉMONIES.

(Décret du 24 messidor an XII, art. 9 à 13, et décret du 28 décembre 1875, art. 6.)

Il doit y avoir, au centre du local destiné aux cérémonies civiles et religieuses, un nombre de fauteuils égal à celui des dignitaires ou membres des autorités nationales présents qui ont droit d'y assister. Aux cérémonies religieuses, lorsqu'il y a un grand dignitaire, on place devant lui un prie-Dieu, avec un tapis et un carreau. En l'absence de tout dignitaire ou membre des autorités nationales, le centre est réservé et personne ne peut s'y placer.

Les généraux de division et les vice-amiraux, les premiers présidents des cours d'appel et les archevêques sont placés à droite ;

Les préfets, les présidents de cours d'assises, les évêques et les généraux de brigade et contre-amiraux sont placés à gauche.

Les autres autorités sont placées en arrière.

Ces fonctionnaires gardent entre eux les rangs qui leur sont respectivement attribués. (Art. 9.)

Lorsque, dans les cérémonies religieuses, il y a impossibilité absolue de placer dans le chœur de l'église la totalité des membres des corps invités, lesdits membres sont placés dans la nef et dans un ordre analogue à celui des chefs. (Art. 10.)

Néanmoins, il doit être réservé, de concert avec les évêques ou les curés et les autorités civiles et militaires, le plus de stalles qu'il sera possible ; elles seront destinées de préférence aux présidents et procureurs des cours ou tribunaux, aux principaux officiers des états-majors, à l'officier supérieur de gendarmerie et aux doyen et membres des conseils de préfecture. (Art. 11.)

La cérémonie ne commence que lorsque l'autorité qui occupe la première place a pris séance.

Cette autorité se retire la première. (Art. 12.)

Il est fourni aux autorités réunies pour les cérémonies des escortes d'honneur, ainsi qu'il est dit plus loin.

---

(1) Cette disposition est applicable aux officiers d'ordonnance des officiers généraux ayant rang individuel dans les cérémonies publiques, conformément au décret du 28 décembre 1875, les officiers d'ordonnance exerçant aujourd'hui les fonctions d'aides de camp auprès des généraux. (Dép. minist. du 6 décembre 1894. Cabinet; Corresp. générale.)

Les autorités appelées aux cérémonies publiques ne forment cortège qu'en se rendant à la cérémonie.

(Circ. minist. du 11 août 1858.)

Dans sa séance du 4 de ce mois, le Conseil d'Etat a émis les deux avis suivants sur des questions de préséance qui lui ont été soumises :

1° Les autorités appelées aux cérémonies publiques, *sauf les autorités judiciaires*, se réunissent chez la personne qui doit y occuper le premier rang. Elles ne forment cortège qu'en se rendant à la cérémonie ;

2° A la fin de celle-ci, les autorités ayant rang individuel se retirent suivant leur ordre de préséance ; puis les corps qui ont assisté à la cérémonie se retirent également dans l'ordre prescrit par l'article 8 (titre 1er, section III) du décret du 24 messidor an XII, et ne forment plus de cortège.

Je vous prie de donner des ordres pour que l'autorité militaire se conforme à ces dispositions en ce qui la concerne.

Le Maréchal de France
Ministre secrétaire d'Etat de la Guerre,
Signé : VAILLANT.

Les autorités militaires ne sont pas tenues de se rendre chez le premier président, même lorsque celui-ci a le premier rang dans l'ordre des préséances.

(Circ. du 20 août 1858.)

Général, j'ai été consulté sur la question de savoir si, dans les villes chefs-lieux de cours impériales, les fonctionnaires militaires appelés à assister aux cérémonies publiques doivent, en l'absence ou à défaut du général divisionnaire, se réunir chez le premier président.

En principe, les obligations entre fonctionnaires de divers ordres doivent être réciproques ; or, il n'en serait plus ainsi si l'autorité judiciaire demeurait libre ou de réclamer l'exécution de l'article 7 (titre 1er, section III) du décret du 24 messidor an XII, ou de s'y soustraire, suivant qu'elle aurait ou n'aurait pas le premier rang dans la localité.

M. le Garde des sceaux est, par suite, tombé d'accord avec moi que, du moment où la magistrature a été dispensée de se rendre chez la personne ayant le premier rang, elle a, par cela même, perdu tout droit à cette marque de déférence de la part des autres autorités placées après elle dans l'ordre des préséances.

Donnez à ce sujet les instructions nécessaires.

Le Maréchal de France
Ministre secrétaire d'Etat de la guerre,

Signé : VAILLANT.

En cas de cérémonie religieuse exigeant la présence à l'église du cardinal archevêque, la réunion des autorités a lieu chez le général de division.

(Dép. minist. du 20 mars 1850.)

Monsieur le Maréchal, j'ai été consulté par M. le Ministre de l'intérieur, sur la question de savoir comment devait s'opérer la réunion des autorités civiles et militaires, lors des cérémonies publiques religieuses.

J'ai l'honneur de vous faire savoir qu'il a été arrêté, d'un commun accord entre mon département et celui de l'intérieur, qu'en pareille circonstance, la réunion doit avoir lieu chez la personne ayant le premier rang, abstraction faite des dignitaires ecclésiastiques.

Agréez, monsieur le Maréchal, les assurances de ma haute considération.

Le Maréchal de France
Ministre secretaire d'Etat de la guerre,

Signé : VAILLANT.

Dispositions relatives aux cérémonies publiques religieuses.

(Circ. du 10 mars 1876. — Correspondance générale.)

La note ci-après émanant du ministère de l'instruction publique et des cultes, rappelant les dispositions à prendre par l'autorité ecclésiastique pour les cérémonies publiques religieuses qui ont lieu en vertu d'ordres du gouvernement, a été communiquée à titre de renseignement aux autorités militaires :

Les ordres du chef de l'Etat pour les cérémonies publiques religieuse sont adressés aux archevêques et aux évêques. (Décret du 24 messidor an XII.)

Lorsqu'il y a dans le lieu de la résidence de l'archevêque ou évêque une ou plusieurs personnes qui le précèdent dans l'ordre général des rangs et préséances, le prélat se rend chez le fonctionnaire auquel la préséance est due, pour convenir du jour et de l'heure de la cérémonie. Dans le cas contraire, il convoque par écrit, au palais épiscopal, ceux des fonctionnaires placés après lui dans l'ordre des préséances, dont le concours est nécessaire pour l'exécution des ordres du gouvernement.

S'il y a dans la ville épiscopale une autorité ayant préséance sur le préfet, il convient néanmoins que l'archevêque ou évêque s'entende avec ce dernier, qui a des instructions à donner dans les diverses communes de son département. (Décis. du Ministre des cultes des 15 septembre 1807, 29 avril 1842, 1er mai 1851.)

Lorsque le jour et l'heure de la cérémonie publique religieuse ont été fixés, il appartient à l'autorité épiscopale de donner les ordres nécessaires pour l'exécution des dispositions prises. (Décis. des 18 février et 18 septembre 1809.)

Les archevêques et évêques, dans la ville de leur résidence, les curés et desservants, dans leurs paroisses respectives, adressent les invitations aux fonctionnaires et aux corps qui doivent assister à la cérémonie. (Décis. minist. des 18 juillet 1814, 17 septembre 1830, 29 septembre 1852.) Dans les paroisses autres que la ville épiscopale, les curés ou desservants se concertent, pour les détails de la cérémonie, avec les sous-préfets ou les maires. (Décis. minist. du 20 septembre 1814.)

L'autorité ecclésiastique, qui a la police et la surveillance des églises, détermine les places assignées dans la cérémonie religieuse aux diverses autorités. (Décis. minist. des 2 octobre 1807, 19 janvier 1809, 30 août 1810.) Ces places sont réglées par le décret du 24 messidor an XII, art. 9, 10 et 11 et par le décret du 28 décembre 1875, art. 6. (V. plus haut.)

L'ordre qui doit régner dans toutes les cérémonies religieuses, et la considération dont il importe que les autorités soient environnées, exigent qu'un ecclésiastique soit spécialement chargé de les recevoir et de leur indiquer les places qui leur sont réservées. (Décis. minist. du 14 août 1813.)

La cérémonie ne commence que lorsque l'autorité qui occupe la première place a pris séance; cette autorité se retire la première. (Décret du 24 messidor an XII, art. 12.)

Audience solennelle de rentrée des tribunaux.

(Circ. du 20 octobre 1875. — Ministre de la guerre : Cabinet; Correspondance générale.)

L'audience solennelle de rentrée d'une Cour n'étant pas une cérémonie publique, les autorités invitées ne se trouvent pas dans l'obligation légale d'y assister. Mais les autorités militaires invi-

— 45 —

tées *par écrit*, doivent s'excuser *par écrit*, si elles n'acceptént pas
l'invitation qu'elles ont reçue; si elles l'acceptent, elles doivent,
par cela même, satisfaire à toutes les exigences d'une pareille cérémonie qui a un caractère spécial de solennité pour la magistrature, et, par conséquent, s'y rendre en grande tenue.

Distribution de prix dans les lycées.

(Circ. du 1er septembre 1863. — Correspondance générale.)

La distribution des prix dans les lycées est une cérémonie universitaire, à laquelle sont conviés les membres du clergé et les
principaux fonctionnaires de la magistrature, de l'administration
et de l'armée.

M. le Ministre de l'instruction publique, ainsi que c'était son
droit a, par circulaire du 19 juillet 1860, déterminé les règles qui
devaient être suivies dans ces solennités. Ces règles sont les suivantes :

Le Ministre délègue un haut fonctionnaire qui le représente à
la cérémonie et qui, à ce titre, doit présider comme le ferait le
Ministre lui-même. C'est tantôt le général, tantôt le préfet, tantôt le président de la cour d'appel ou tout autre fonctionnaire.

Leprésident est assisté, au chef-lieu de l'Académie, par le recteur placé à sa droite et l'inspecteur d'académie placé à sa gauche.

Dans les autres villes, l'inspecteur d'académie se place à la
droite du président et le proviseur à la gauche.

Le bureau se trouve donc universitairement constitué par le
président, délégué du ministre, assisté de deux membres du
corps enseignant.

Derrière le bureau sont rangés tous les membres de l'université.

A droite et à gauche sont réservées les places d'honneur pour
tous les fonctionnaires invités. Leurs fauteuils sont disposés suivant l'ordre des préséances, établi par le décret du 24 messidor
an XII.

Ces dispositions sont nettes et précises ; il est nécessaire de les
porter à la connaissance des autorités militaires, afin d'éviter
tout conflit ou toute difficulté.

Il doit donc être bien entendu qu'une distribution de prix est
une cérémonie purement universitaire et non une cérémonie publique : qu'en pareille circonstance, l'université est chez elle, et
qu'il lui appartient d'établir la règle qu'elle juge convenable ; que
le bureau est en dehors de l'ordre des préséances et que cet ordre
doit être seulement observé dans le groupe des fonctionnaires
invités.

L'université attache un grand prix à ce que les autorités militaires assistent à ces fêtes de famille ; leur présence produit toujours un excellent effet sur la jeune population des collèges ; je désire moi-même qu'elles répondent avec empressement aux invitations qui leur seront faites à ce sujet.

Je vous prie de vouloir bien adresser des instructions dans ce sens à MM. les généraux subdivisionnaires.

Recevez, etc.

Le Maréchal de France
Ministre secrétaire d'Etat de la guerre,
Signé : RANDON.

Les gouverneurs militaires et les commandants de corps d'armée peuvent, lorsque les obligations du service ne s'y opposent pas, autoriser au nom du Ministre et, par conséquent, sans lui en référer :

1° Les officiers généraux, les colonels ou assimilés, à accepter la présidence des distributions de prix dans les établissements d'instruction publique relevant de l'université (lycées ou collèges communaux);

2° Les musiques militaires à se faire entendre dans ces solennités. (Lettre coll. du 22 juillet 1881. — Cabinet; Correspondance générale.)

CHAPITRE VI.

ESCORTES D'HONNEUR.

(Décret du 4 octobre 1891.)

Escortes des autorités dans les cérémonies publiques.

Art. 298. Dans les cérémonies publiques, les maréchaux de France et amiraux, les généraux de division investis d'un commandement territorial, les vice-amiraux commandant en chef, préfets maritimes, et les préfets peuvent avoir, au chef-lieu de leur commandement ou de leur administration, une escorte d'honneur qui se compose :

Pour les maréchaux et amiraux.	De deux compagnies d'infanterie ou d'un escadron de troupes à cheval sous le commandement d'un capitaine.

Pour les généraux de division commandant les régions de corps d'armée avant ou après la mobilisation et les vice-amiraux commandant en chef, préfets maritimes............

D'une compagnie d'infanterie ou de trois pelotons de troupes à cheval, sous le commandement d'un capitaine.

Pour les généraux de division investis du commandement d'un groupe de subdivisions de région, ou commandants d'armes.

D'un peloton d'infanterie ou de deux pelotons de troupes à cheval sous le commandement d'un lieutenant.

Pour les préfets.... ....

De deux brigades de gendarmerie à cheval commandées par un lieutenant (1). En outre, pendant leurs tournées dans le département, mais seulement lorsqu'ils font ces tournées en costume officiel, les préfets peuvent être escortés par deux gendarmes.

Art. 299. Lorsque le Sénat, la Chambre des députés, les grands corps de l'État et les cours de justice se rendent en corps et en costume officiel auprès du président de la République, ou à une cérémonie publique, ils sont escortés par une garde à cheval ; à défaut, par une garde à pied qui est répartie en avant, en arrière et sur les flancs du cortège.

Ces escortes se composent :

Pour le Sénat................
Pour la Chambre des députés...
Pour le conseil d'État ....

D'un escadron de troupes à cheval ou de deux compagnies d'infanterie sous le commandement d'un capitaine.

Pour la cour de cassation......
Pour la cour des comptes......

De trois pelotons de troupes à cheval ou d'une compagnie d'infanterie sous le commandement d'un capitaine.

Pour les cours d'appel.........

De deux pelotons de troupes à cheval ou d'un peloton d'infanterie, sous le commandement d'un lieutenant.

Pour les cours d'assises........

D'un peloton de troupes à cheval ou d'une section d'infanterie, sous le commandement d'un lieutenant ou d'un sous-lieutenant.

Pour les tribunaux de première instance...................
Pour les tribunaux de commerce.
Pour les corps municipaux.....

D'un demi-peloton de troupes à cheval ou d'une demi-section d'infanterie, sous le commandement d'un sous-officier.

Si ces divers corps ne sont représentés que par des députations, l'escorte est réduite de moitié.

Les escortes d'honneur sont composées d'infanterie ou de troupes à cheval dans les cas prévus par les articles 298 et 299, sui-

---

(1) V. plus loin la lettre collective du 4 février 1884.

vant que les personnages ou les corps à escorter sont à pied ou en voiture et à cheval.

Art. 300. A défaut de troupes de ligne, la gendarmerie fournit une escorte d'honneur :

De deux brigades aux cours d'appel ;
D'une brigade aux cours d'assises ;
De deux gendarmes aux tribunaux de première instance.

Le commandant d'une escorte d'honneur va, en arrivant, prendre les ordres de la personne qu'il doit accompagner. Son service fini, il ne se retire qu'après avoir de nouveau pris les ordres de cette personne. (Décrets sur le service intérieur des troupes.)

Ordre pour la marche des escortes du chef de l'Etat.

(15 mai 1866. — Correspondance générale.)

L'escorte ordinaire est composée d'un peloton et commandée par un officier; elle se divise en avant-garde, escorte et arrière-garde.

L'avant-garde se compose d'un brigadier et de quatre cavaliers marchant dans l'ordre suivant :

Le brigadier,
Les quatre cavaliers de front.

Dans aucun cas, ces cavaliers ne portent le mousqueton ou la carabine haut, ni le revolver au poing; ils ont simplement le sabre à la main.

Les lanciers tiennent la lance portée au repos et ne la croisent jamais.

L'avant-garde est toujours guidée par un ou deux garçons d'attelage qui marchent devant elle.

L'escorte, composée du gros du peloton, marche derrière la voiture du chef de l'Etat, par quatre dans les rues, et sur deux rangs quand le terrain le permet. S'il y a un écuyer en uniforme (1), celui-ci marchant à la portière de droite, l'officier se tient à la portière de gauche, la tête de son cheval à la hauteur de cette portière; s'il n'y a pas d'écuyer, l'officier est à la portière de droite et le maréchal des logis occupe la portière de gauche. Le trompette marche à quelques pas derrière l'officier.

L'arrière-garde, composée de quatre cavaliers, marche sur un rang derrière la dernière voiture à la livrée du chef de l'Etat.

---

(1) Aujourd'hui, officier attaché à la personne de M. le Président de la République.

Dans certaines circonstances, l'escorte est composée d'un escadron ; dans ce cas, elle est disposée dans l'ordre suivant :

1° L'extrême avant-garde, composée d'un brigadier et de quatre cavaliers
marchant comme il a été dit pour l'escorte ordinaire ;
2° Le trompette ;
3° L'avant-garde, composée d'un peloton marchant sur deux rangs, ou
par quatre si le terrain s'y oppose ;
4° Un peloton derrière la voiture du chef de l'Etat, le capitaine à la portière de gauche s'il y a un écuyer, à la portière de droite s'il n'y en a pas,
et, dans ce dernier cas, le premier lieutenant à celle de gauche.
Un trompette à quelques pas derrière le capitaine ;
5° Deux pelotons formant arrière-garde derrière la dernière voiture à la
livrée du chef de l'Etat.

Quand les voitures sont arrivées à destination, l'escorte tout
entière doit dégager la direction qu'elles suivent, aussi rapidement
que possible, afin de permettre aux voitures qui suivent celles du
chef de l'Etat d'approcher.

Ce mouvement se fait par peloton (à droite ou à gauche) en bataille, suivant la nature du terrain, suivi de peloton à gauche ou
à droite, pour faire face aux flancs des voitures (ou par des mouvements analogues produisant le même résultat, si le terrain ne
permet pas ceux-ci).

Quand une escorte doit être relevée par une autre, le change-
ment doit se faire de manière à retarder le moins possible la marche des voitures ; à cet effet, l'escorte qui attend doit être disposée
en bataille, de manière à faire face aux flancs gauches des voitures, et fractionnée dans l'ordre qu'elle doit conserver pendant la
marche, de manière à entrer à sa place par un seul mouvement de
peloton à gauche.

L'escorte qui est relevée sort de la colonne par un mouvement
de peloton à droite, au moment où elle arrive devant l'autre escorte, afin d'être immédiatement remplacée par celle-ci.

Dans certains cas exceptionnels pour les cortèges, l'escorte peut
être composée de plus d'un escadron ; des ordres spéciaux sont
alors donnés par le premier écuyer (1) au commandant de cette
escorte.

Sous l'Empire, le colonel commandant les cent-gardes avait,
par un ordre daté du 7 mai 1868, donné les instructions suivantes
au personnel sous ses ordres, au sujet des escortes :

« Messieurs les officiers de tous grades devront observer les
instructions suivantes pour le service des escortes quand ils sont
détachés dans une ville pour les voyages de Leurs Majestés.

« 1° Veiller à ce que les gares soient débarrassées complète-
ment, qu'il n'y ait personne à cheval à l'exception du général
qui doit escorter à la portière de droite à l'arrivée ;

_____

(1) Aujourd'hui chef de la maison militaire du Président de la République.

« 2° Veiller à ce que les tambours ne battent pas par surprise et trop fort pour ne pas effrayer les chevaux des voitures du cortège ; l'officier commandant l'escorte marche à la portière de gauche quand le général commandant la division ou la subdivision est à cheval à la portière de droite ;

« 3° Veiller à l'ordre d'escorte qui doit être le suivant :

« Gendarmes pour diriger la marche ;

« Peloton de cavalerie ou quatre cent-gardes ;

« Voiture impériale ;

« Peloton des cent-gardes ;

« Voitures de la cour ;

« Peloton de cavalerie ou quatre cent-gardes fermant la marche.

« Ne tolérer aucun officier étranger dans l'escorte, dans le cortège, ni aucune voiture d'autorités ou autres entre les gendarmes et le premier peloton de cavalerie. Donner cette consigne à l'officier commandant le dernier peloton et au brigadier qui marche avec les cent-gardes à la queue du cortège.

« Faire dégager et maintenir dégagés les abords des églises, mairies ou autres lieux où doivent s'arrêter Leurs Majestés, afin de faciliter le mouvement des voitures et la mise en marche du cortège, dont la tête devra toujours se placer dans la nouvelle direction pendant la cérémonie ;

« 4° Avant l'arrivée des souverains, faire placer le poste composé de six hommes à pied à la demeure de Leurs Majestés ;

« 5° L'officier commandant le détachement tiendra toujours son peloton prêt à tout événement. Il prendra les ordres de Son Excellence le grand écuyer, en se tenant toujours au courant de ce qui doit être fait ;

« 6° Pour le départ, mêmes mesures à prendre que pour l'arrivée. »

L'escorte est due à l'aller et au retour.
(Dép. minist. du 13 mai 1860.)

Tours, le 13 mai 1860.

Monsieur le Général, j'ai soumis au Ministre de la guerre la question posée dans votre lettre du 7 de ce mois, au sujet des escortes qui sont dues aux cours et tribunaux se rendant à une cérémonie publique.

Par dépêche du 12 de ce mois, Son Excellence me répond :

« Après nous être concertés, M. le Ministre de la justice et moi, il a été convenu entre nous que l'escorte est due, à l'aller et au retour, *tant que la cour ou le tribunal est réuni en corps.*

« Mais si les membres se dispersent le président de la cour ou du tribunal ne peut pas prétendre à une escorte pour lui-même.

« Je vous prie de donner des ordres pour l'exécution de cette décision.

« Recevez, etc. »

Commandement des escortes à fournir par la gendarmerie aux préfets (articles 300 et 301 du décret du 23 octobre 1883 (1).

(Circ. minist. du 4 février 1884.)

Mon cher Général, l'application des articles 300 et 301 du décret du 23 octobre 1883 (1), aux termes desquels les préfets ont droit, le jour de leur prise de possession et dans les cérémonies publiques, à une escorte de deux brigades de gendarmerie commandées *par un lieutenant*, a donné lieu à des difficultés par *suite de l'absence de lieutenant de gendarmerie* dans les chefs-lieux de département.

Aux termes de l'article 345 du décret précité (2), le service des honneurs est subordonné aux ressources des garnisons et aux nécessités du service général. D'autre part, l'article 276 (3), conçu dans le même esprit, dispose que, lorsque dans une garnison, le nombre d'hommes disponibles ou les nécessités du service ne permettront pas d'établir certains postes ou de fournir certaines sentinelles, le général commandant la région en informe les autorités ou fonctionnaires intéressés qui ne peuvent élever à ce sujet aucune réclamation.

Par suite, à défaut de lieutenant de gendarmerie employé dans la localité où se trouve le préfet du département, l'escorte réglementaire de gendarmes peut *être placée sous les ordres* d'un *adjudant ou d'un maréchal des logis chef* de l'arme.

Il doit demeurer entendu, toutefois, que partout où cela sera possible, le commandement de l'escorte sera exercé par un lieutenant, comme le veut, en principe, le décret du 23 octobre 1883.

J'ai l'honneur de vous prier de donner, le cas échéant, des ordres pour l'exécution des dispositions ci-dessus et de faire informer MM. les préfets des départements de votre corps d'armée des motifs qui nécessitent l'adoption de cette mesure.

Signé : E. Campenon.

---

(1) Aujourd'hui, articles 297 et 298 du décret du 4 octobre 1891.
(2) Article 342 du même décret.
(3) Article 273 du même décret.

Dispositions particulières concernant les escortes des officiers généraux.

(Circ. du 10 avril 1804.)

Il ne doit pas être détaché de cavaliers pour le service d'escorte des généraux commandant les divisions d'infanterie dont le quartier général est installé dans une garnison dépourvue de troupes à cheval.

Toutefois, dans des circonstances exceptionnelles, notamment à l'occasion de revues auxquelles il paraîtra convenable de donner un caractère de solennité particulier, les commandants de corps d'armée pourront prescrire que des escortes composées de quatre cavaliers et un brigadier seront fournies aux officiers généraux dont il s'agit par le corps de troupe le plus voisin. Ces escortes rentreront dans leur garnison, dès que le service sera terminé. Les mouvements d'aller et de retour s'exécuteront par les voies ordinaires.

Dans les villes de garnison où se trouvent des troupes à cheval, le service de l'escorte sera réglé par les commandants d'armes, en tenant compte des considérations qui précèdent. Il ne sera, par suite, fourni d'escorte aux officiers généraux que pour les revues ou cérémonies publiques, dont il peut y avoir intérêt à rehausser l'éclat.

Place des officiers d'ordonnance dans les cérémonies publiques.

(Dép. minist. du 6 décembre. — Cabinet. Correspond. générale.)

Mon cher Général, par lettre du 30 novembre dernier, vous m'avez consulté sur la question de savoir quelle place doit occuper l'officier d'ordonnance d'un général de division ayant rang individuel qui assiste à une cérémonie publique.

L'article 8 du titre 1er du décret du 24 messidor an XII dispose que deux aides de camp du général de division ayant rang individuel doivent suivre immédiatement leur général dans les cérémonies publiques.

Cette disposition est applicable aux officiers d'ordonnance des officiers généraux ayant rang individuel dans les cérémonies publiques conformément au décret du 28 décembre 1875, les officiers d'ordonnance exerçant aujourd'hui les fonctions d'aides de camp auprès des généraux.

Signé : A. MERCIER.

HONNEURS

HONNEURS

TITRE Ier.

HONNEURS A RENDRE PAR LES TROUPES.

(Décret du 4 octobre 1891.)

Art. 261. *Salut des officiers.* — Toutes les fois que les troupes présentent les armes, les officiers de tous grades mentionnés dans les articles suivants présentent l'épée ou le sabre.

Ils font le salut de l'épée ou du sabre lorsque la personne à qui cet honneur est dû passe devant eux. ...

Art. 262. *Honneurs à rendre par les troupes aux revues et aux prises d'armes.*

Le Président de la République :

Les troupes présentent les armes ; les tambours et clairons battent et sonnent aux champs, les trompettes sonnent la marche, les musiques jouent l'air national, tous les officiers saluent de l'épée ou du sabre, les drapeaux et étendards saluent (1).

Les Ministres de la guerre et de la marine ;
Les maréchaux et amiraux ;
Les généraux de division commandant en chef une ou plusieurs armées ;
Les gouverneurs militaires de Paris et de Lyon ;
Les généraux de division commandant un corps d'armée ;
Les vice-amiraux pourvus d'une commission d'amiral ;
Les vice-amiraux commandant en chef à la mer, ou préfets maritimes ;
Les généraux de division commandant la région territoriale après la mobilisation :

Les troupes placées sous leur commandement ou qu'ils ont mis-

---

(1) Lorsque le drapeau doit rendre les honneurs, le porte-drapeau salue de la manière suivante :

A 6 pas de la personne qu'on doit saluer, élever la main droite le long de la hampe jusqu'à hauteur de l'œil, baisser le drapeau en allongeant le bras de toute sa longueur sans que le talon de la hampe quitte la hanche : relever le drapeau lorsque la personne qu'on a saluée a été dépassée de 6 pas.

Lorsque l'étendard doit rendre les honneurs, le porte-étendard salue de la manière suivante en deux temps :

1° A 4 pas de la personne que l'on doit saluer, baisser doucement la hampe en avant, en la rapprochant de l'horizontale.

2° Relever doucement la hampe, lorsque la personne qu'on a saluée est dépassée de 4 pas.

sion de voir et d'inspecter présentent les armes, les tambours et
les clairons battent et sonnent aux champs, les trompettes sonnent la marche, les musiques jouent l'air national; les officiers
généraux, les commandants des corps de troupe, quel que soit
leur grade, et les officiers supérieurs saluent de l'épée ou du sabre,
les drapeaux et étendards saluent.

Les généraux de division commandant les divisions actives;
Les généraux de division et les vice-amiraux :

Les troupes placées sous leur commandement ou qu'ils ont mission de voir et d'inspecter portent les armes; les tambours et clairons battent et sonnent le rappel; les trompettes sonnent des
appels; les musiques jouent l'air national; les officiers généraux,
les commandants des corps de troupe, quel que soit leur grade, et
les officiers supérieurs saluent de l'épée ou du sabre; les drapeaux
et étendards saluent.

Les généraux de brigade commandant les brigades actives;
Les généraux de brigade et les contre-amiraux :

Les troupes placées sous leur commandement ou qu'ils ont mission de voir ou d'inspecter portent les armes; les tambours, clairons et les trompettes sont prêts à battre ou à sonner; les musiques jouent l'air national; les commandants des corps de troupe,
quel que soit leur grade, saluent de l'épée ou du sabre.

Les commandants d'armes qui ne sont pas officiers généraux :

Les troupes portent les armes; le commandant des troupes,
seul, salue de l'épée ou du sabre.

Art. 269. *Officiers généraux se présentant devant les troupes.* —
Toutes les fois qu'un officier général, quel que soit son grade et
quelle que soit sa mission, se présente devant les troupes pour en
passer la revue, le commandant de ces troupes se porte vivement
au devant de lui, le salue de l'épée ou du sabre et reste à portée
de recevoir ses ordres.

En l'accompagnant dans sa revue, il lui cède toujours le côté
des troupes.

Art. 270. *Hauts fonctionnaires des armées de terre et de mer.* —
Les contrô'eurs généraux de 1re classe, les intendants généraux,
le médecin inspecteur général, les contrôleurs généraux de 2e classe,
les intendants militaires, les commissaires généraux de la marine,
les inspecteurs généraux du génie maritime, les inspecteurs du
service de santé des armées de terre et de mer, ont droit à une
sentinelle pendant la durée de leur inspection ou mission.

Toutes les fois qu'un contrôleur général ou un intendant arrive
sur le terrain pour passer la revue d'effectif ou de détail d'un corps
de troupe, le chef de corps se place à la droite du grand état-
major, mais à deux pas en avant; il a le sabre à la main et salue
avec cette arme.

Art. 274. *Troupes en marche.* — Lorsqu'une troupe en armes en rencontre une autre, toutes les deux portent les armes, les tambours ou clairons battent ou sonnent aux champs en marchant, les trompettes sonnent la marche, les commandants des deux troupes se font réciproquement le salut des armes, les drapeaux et étendards saluent.

Cet échange d'honneurs se fait sans arrêter la marche, et les deux troupes ne doivent pas s'attendre pour les rendre. Elles prennent chacune leur droite. En cas d'encombrement, les troupes à cheval se rangent et laissent passer les troupes à pied.

Troupes en marche à l'intérieur. (Décrets sur le service intérieur.) — Quand deux troupes se rencontrent, elles appuient réciproquement à droite; toutes deux mettent l'arme sur l'épaule droite ou le sabre à la main, et continuent à marcher si le terrain le permet.

Dans le cas contraire, une troupe voyageant à pied prend le pas sur celle qui voyage à cheval; et de deux troupes voyageant à pied, celle qui a la priorité dans l'ordre en ligne déterminé par le décret sur le service dans les places continue sa marche; l'autre s'arrête pour la laisser passer et repose sur les armes.

Dans les deux troupes, les officiers mettent l'épée ou le sabre à la main, les tambours battent, les clairons sonnent « aux champs en marchant » et les trompettes sonnent la marche; les chefs de la colonne seuls se saluent; les officiers et les sous-officiers font observer l'ordre et le silence.

Troupes en marche en temps de guerre. (Décret sur le service des armées en campagne). — En marche et pendant les haltes, il n'est rendu d'honneurs qu'au commandant en chef.

Art. 275. *Troupes passant devant un poste.* — Lorsqu'une troupe en armes passe devant un poste, elle rend les honneurs la première. Le poste se conforme aux dispositions de l'article 289 ci-après.

Art. 276. *Troupes rencontrant un officier général.* — Lorsqu'une troupe en marche rencontre un officier général, le commandant de la troupe fait porter les armes sans arrêter la marche et salue.

Si la troupe est arrêtée lorsque l'officier général passe devant elle, son chef fait prendre les armes et rendre les honneurs qui lui sont dus.

Art. 277. *Manifestation extérieure d'un culte reconnu par l'Etat ou convoi funèbre.* — Lorsqu'une troupe en marche se trouve en présence d'une manifestation extérieure d'un culte reconnu par l'Etat, ou en présence d'un convoi funèbre, le commandant de la troupe fait porter les armes sans arrêter la marche.

Si la troupe est arrêtée, son chef fait porter les armes.

Art. 278. *Commandant d'une troupe rencontrant un supérieur du grade d'officier.* — Tout commandant d'une troupe en marche qui rencontre un supérieur du grade d'officier, salue de l'épée ou du sabre s'il est officier, ou portant l'arme s'il est sous-officier, caporal ou soldat. S'il a l'épée ou le sabre au fourreau ou si la troupe est sans armes, il salue en portant la main droite à la coiffure.

ART. 279. *Honneurs à rendre aux drapeaux et étendards.* — En ce qui concerne les troupes, ces honneurs sont rendus conformément aux règles tracées par les règlements de manœuvres.

Tout commandant d'une troupe en armes ou sans armes, qui rencontre un drapeau ou étendard le salue.

Tout militaire isolé passant devant un drapeau ou étendard salue.

Les sentinelles présentent les armes aux drapeaux et étendards lorsque ceux-ci passent devant elles.

En toutes circonstances, l'officier qui passe une revue ou fait défiler, quel que soit son grade, salue les drapeaux et étendards en passant devant les troupes et quand elles défilent devant lui.

Honneurs à rendre aux drapeaux et étendards.

(Règlements sur les manœuvres.)

a) INFANTERIE.

Lorsque le drapeau doit sortir, une compagnie du régiment est commandée, à tour de rôle, pour aller le chercher.

Cette compagnie marche par le flanc et l'arme sur l'épaule droite ; elle est précédée des sapeurs, du tambour-major, des tambours et clairons de son bataillon et de la musique ; le porte-drapeau se tient en serre-file, à hauteur du centre de la compagnie.

Le détachement marche dans cet ordre, sans bruit de caisse ni de musique ; arrivé au logement du commandant du régiment, il est arrêté face à la porte d'entrée, les tambours, les clairons et la musique à la droite. Le capitaine fait mettre la baïonnette au canon.

Le porte-drapeau, accompagné du lieutenant et de deux sous-officiers, va prendre le drapeau.

Lorsque le porte-drapeau, suivi du lieutenant et des deux sous-officiers, sort avec le drapeau, il s'arrête devant la porte : le capitaine fait présenter les armes et salue du sabre, les tambours et les clairons battent et sonnent *au drapeau ;* après trois ou quatre reprises, le capitaine fait cesser de battre et de sonner, puis fait porter les armes et rompre par section ; le porte-drapeau va se porter entre les sections intérieures, ayant un sous-officier à sa droite et l'autre à sa gauche ; le lieutenant reprend sa place.

Le capitaine remet ensuite le détachement en marche, en colonne à distance entière, pour se rendre au lieu de rassemblement du régiment; les tambours et les clairons battent et sonnent.

.La compagnie est formée par le flanc lorsque la largeur de la route ne permet pas de marcher en colonne; le drapeau et sa garde se placent alors entre la deuxième et la troisième section.

Arrivé à 20 pas du régiment, le détachement est arrêté, les tambours et les clairons cessent de battre et de sonner; le commandant du régiment fait mettre la baïonnette au canon, présenter les armes, battre et sonner au drapeau, et se place à 6 pas en avant de la file du drapeau. Le porte-drapeau, toujours accompagné des deux sous-officiers, se porte à 10 pas en avant du commandant du régiment et lui fait face; le commandant du régiment salue alors le drapeau. Le porte-drapeau prend ensuite sa place, les deux sous-officiers rejoignent leur compagnie, le régiment porte les armes et le détachement reprend sa place en passant derrière le régiment.

Le drapeau est reconduit au logement du commandant du régiment dans l'ordre prescrit ci-dessus, et reçoit les mêmes honneurs; le détachement rentre ensuite au quartier, sans bruit de caisse ni de musique.

b) CAVALERIE.

Lorsque l'étendard doit sortir, une division est commandée d'avance et à tour de rôle, dans chaque escadron, pour lui servir d'escorte.

Le capitaine commandant et le capitaine en second alternent pour le commandement de cette escorte.

Le premier peloton de l'escorte fournit la pointe d'avant-garde composée de deux cavaliers que dirige un maréchal des logis, et que suivent à 10 mètres deux autres cavaliers.

Les trompettes, formés par quatre, et conduits par un adjudant, marchent à 10 mètres des cavaliers qui précèdent.

Le reste du premier peloton, ayant le lieutenant à sa tête, marche par quatre à 10 mètres des trompettes.

Le porte-étendard marche immédiatement après, entre deux maréchaux des logis.

Le deuxième peloton, ayant à sa tête le sous lieutenant, suit le porte-étendard, marche par quatre et fournit la pointe d'arrière-garde. Cette pointe, composée de deux cavaliers, suit à 10 mètres en arrière; elle est commandée par un brigadier.

Le capitaine marche à 4 mètres du flanc, à hauteur du porte-étendard.

Les deux premiers cavaliers de la pointe d'avant-garde ont la carabine ou le pistolet haut; tous les autres cavaliers de l'escorte ont le sabre à la main.

Ce détachement, arrivé sans bruit de trompettes au lieu où est l'étendard, y est formé en bataille.

L'adjudant met pied à terre, va prendre l'étendard et le remet au porte-étendard.

Dès que l'étendard paraît, le capitaine fait présenter le sabre; les trompettes sonnent *à l'étendard.*

Après deux reprises de cette sonnerie, le capitaine fait porter le sabre et rompre pour se mettre en marche dans l'ordre où il est venu; les trompettes sonnent la marche.

Lorsque l'étendard arrive devant le régiment, le colonel fait mettre le sabre à la main; les trompettes cessent de sonner et vont prendre, ainsi que l'escorte, leur place de bataille en passant derrière le régiment.

Le porte-étendard, accompagné des deux maréchaux des logis, se dirige vers le centre du régiment, et s'arrête devant le colonel, faisant face au régiment; le colonel fait alors présenter le sabre et sonner *à l'étendard*; il salue du sabre. Le porte-étendard se rend ensuite à sa place de bataille, et le colonel fait porter le sabre.

Les officiers supérieurs saluent du sabre lorsque l'étendard passe devant eux.

L'étendard reçoit à son départ les mêmes honneurs qu'à son arrivée, et il est reconduit au logement du colonel dans l'ordre prescrit ci-dessus.

A pied, l'escorte est composée de la même manière, et l'étendard reçoit les mêmes honneurs.

c) Artillerie.

Lorsque l'étendard doit sortir, il est escorté, du logement du colonel au quartier, et *vice versa*, par deux sections à pied ou deux pelotons à cheval, commandés par un capitaine. Il est encadré par deux maréchaux des logis. Tous les trompettes du régiment, commandés par un adjudant, l'accompagnent.

Toutes les batteries du régiment, à tour de rôle, concourent à fournir l'escorte de l'étendard.

L'escorte est mise en marche par le flanc ou par quatre, l'arme sur l'épaule droite (la baïonnette au canon) ou le sabre à la main, les trompettes à 10 mètres en avant.

Les deux sections ou pelotons conservent entre eux 10 mètres de distance. Le porte-étendard, entre deux maréchaux des logis, marche au milieu de cette distance.

Le capitaine marche à 4 mètres du flanc, à hauteur du porte-étendard.

Ce détachement, arrivé sans bruit de trompettes au lieu où est l'étendard, y est formé en bataille. L'adjudant porte-étendard va chercher l'étendard.

Dès que l'étendard paraît, le capitaine fait présenter les armes, les trompettes sonnent *à l'étendard.*

Après deux reprises de cette sonnerie, le capitaine fait porter les armes et rompre pour se mettre en marche dans l'ordre où il est venu; les trompettes sonnent la marche.

Lorsque l'étendard arrive devant le régiment, le colonel fait mettre le sabre à la main; les trompettes cessent de sonner et vont prendre, ainsi que l'escorte d'honneur, leur place de bataille, en passant derrière le régiment.

Le porte-étendard, accompagné des deux maréchaux des logis qui l'encadrent, se dirige vers le centre du régiment et s'arrête devant le colonel, faisant face au régiment. Le colonel fait alors présenter les armes et sonner à l'étendard; il salue du sabre.

Le porte-étendard se rend ensuite à sa place de bataille et monte à cheval s'il y a lieu; le colonel fait porter les armes.

Les officiers supérieurs saluent du sabre lorsque l'étendard passe devant eux.

Au sujet des honneurs à rendre par les troupes.

(Circ. minist. du 30 septembre 1886.)

Mon cher Général, il m'a été rendu compte qu'à diverses reprises des troupes en marche ont rendu les honneurs militaires en passant devant des statues ou des monuments élevés en souvenir des événements de la dernière guerre.

Tout en rendant hommage au sentiment patriotique dont se sont inspirés, en ces circonstances, les chefs de corps ou de détachement, je crois devoir vous rappeler que les honneurs à rendre par les troupes sont réglés avec les plus grands détails par le décret du 23 octobre 1883 portant règlement sur le service dans les places de guerres et les villes de garnison (1), et qu'en dehors des cas prévus par ce décret aucun honneur militaire ne doit être rendu.

Je vous prie de vouloir bien adresser des instructions très précises dans ce sens aux commandants des corps de troupe placés sous vos ordres.

Signé : Gal BOULANGER.

TITRE II.

HONNEURS A RENDRE PAR LES POSTES, GARDES ET PIQUETS.

(Décret du 4 octobre 1891.)

ART. 281. Président de la République :

Quand le Président de la République passe devant un poste : la garde prend les armes ou monte à cheval, se forme devant le poste,

------

(1) Aujourd'hui décret du 4 octobre 1891.

présente les armes; les tambours et clairons battent et sonnent
aux champs, les trompettes sonnent la marche, les officiers saluent
de l'épée ou du sabre.

Art. 282. Sénat,
Chambre des députés,
Conseil d'Etat,
Cour de cassation,
Cour des comptes, } en corps ou en députation, réunis en costume officiel ou revêtus de leurs insignes.
Présidents du Sénat et de la Chambre des députés,
Ministres,
Maréchaux ou amiraux,
Généraux de division commandant en chef une ou plusieurs armées,
Vice-amiraux pourvus d'une commission de commandement d'amiral,
Généraux de division gouverneurs de Paris et de Lyon,
Généraux de division commandant un corps d'armée,
Vice-amiraux commandant en chef à la mer ou préfets maritimes :

La garde prend les armes ou monte à cheval, se forme devant
le poste, porte les armes; les tambours ou clairons battent ou sonnent aux champs, les trompettes sonnent la marche.

Dans l'intérieur des palais du Sénat et de la Chambre des députés, les honneurs sont rendus conformément au règlement intérieur de ces deux assemblées.

Art. 283. Cours d'appel en corps ou en députation en costume officiel,
généraux de division et vice-amiraux :

La garde prend les armes ou monte à cheval, se forme devant
le poste, porte les armes ; les tambours ou clairons battent ou sonnent le rappel; les trompettes sonnent des appels.

Art. 284. Préfets en uniforme,
Cours d'assises en costume officiel,
Généraux de brigade et contre-amiraux :

La garde prend les armes ou monte à cheval, se forme devant
le poste, porte les armes; les tambours, clairons ou trompettes
sont prêts à battre ou à sonner.

Art. 285. Majors généraux de la marine qui ne sont pas contre-ami-
raux,
Commandants d'armes qui ne sont pas officiers généraux,
Tribunaux de première ins-
tance,
Corps municipaux,
Corps académiques,
Tribunaux de commerce, } réunis en costume officiel ou revêtus de leurs insignes :

La garde prend les armes ou monte à cheval, se forme devant
le poste, l'arme au pied ou le sabre au fourreau.

Art. 286. *Gardes de police.* — La garde de police sort en armes
et se forme devant le poste, l'arme au pied ou le sabre au fourreau, quand le chef de corps passe devant elle. Elle ne rend

d'honneurs qu'aux officiers généraux qui se présentent pour visiter le quartier.

Art. 287. *Piquets.* — Les piquets, les gardes ou postes réunis accidentellement pour un service spécial (les gardes d'honneur exceptées), se conforment, pour les honneurs à rendre, aux dispositions ci-dessus indiquées.

Art. 289. *Troupes en armes.* — Lorsqu'une troupe en armes passe devant un poste, la garde sort, se forme devant le poste et porte les armes; les tambours ou clairons battent ou sonnent aux champs; les trompettes sonnent la marche.

Si cette troupe a son drapeau ou son étendard, la garde présente les armes lorsque le drapeau ou l'étendard passe devant elle et tous les officiers saluent de l'épée ou du sabre.

Art. 290. Toutes les fois que les gardes sortent pour rendre les honneurs, elles mettent la baïonnette au canon.

TITRE III.

HONNEURS A RENDRE PAR LES SENTINELLES ET PLANTONS.

(Décret du 4 octobre 1891.)

Art. 291. Les honneurs à rendre par les sentinelles sont dus quelle que soit la tenue des officiers ou fonctionnaires qui passent auprès d'elles.

Les sentinelles s'arrêtent pour rendre les honneurs, dès que la personne à qui ils sont dus est arrivée à six pas d'elles. Elles font face du même côté que l'ouverture de leur guérite et restent en position jusqu'à ce qu'elles aient été dépassées de six pas.

Les officiers et fonctionnaires rendent le salut.

Art. 292. *Présentation des armes.* — Les sentinelles présentent les armes :

Au Président de la République;

Aux ministres;

Aux sénateurs, aux députés, aux conseillers d'Etat, en costume officiel ou revêtus de leurs insignes;

Aux maréchaux et amiraux;

Aux grands-croix, grands-officiers et commandeurs de la Légion d'honneur porteurs de leur décoration;

Aux officiers généraux et supérieurs;

Aux fonctionnaires et employés des armées de terre et de mer qui ont le grade ou le rang d'officier général ou supérieur;

Aux préfets en costume officiel;

A la cour de cassation, à la cour des comptes et aux cours d'appel en corps ou en députation.

Art 293. *Port d'armes.* — Les sentinelles portent les armes :

Aux officiers et chevaliers de la Légion d'honneur porteurs de leur décoration ;

Aux capitaines, lieutenants et sous-lieutenants des armées de terre et de mer ;

Aux lieutenants et enseignes de vaisseau, aux aspirants de 1ʳᵉ classe de la marine ;

Aux fonctionnaires et employés des armées de terre et de mer ayant le grade ou le rang d'officier ;

En présence d'une manifestation extérieure d'un culte reconnu par l'Etat ou au passage d'un convoi funèbre ;

A la cour d'assises, au tribunal de première instance, au corps municipal, aux corps académiques, au tribunal de commerce ; en corps ou en députation.

Art. 294. *Immobilité sous les armes.* — Les sentinelles gardent l'immobilité, la main dans le rang et l'arme au pied pour :

Les contrôleurs d'armes (dép. minist. du 27 avril 1894) ;
Les aspirants de 2ᵉ classe de la marine ;
Les adjudants principaux des ports militaires ;
Les maîtres principaux et entretenus des arsenaux de la marine ;
Les adjudants des armées de terre et de mer et les premiers maîtres des équipages de la flotte ;
Les employés du génie ou de l'artillerie des armées de terre et de mer ayant rang de sous-officier ;
Les décorés de la médaille militaire porteurs de leur médaille.

Art. 295. *Plantons et ordonnances.* — En passant près des officiers de tout grade et de tout rang ou devant une troupe en armes, les sous-officiers, caporaux et soldats de planton, ou envoyés en ordonnance, portent l'arme sans s'arrêter. Les plantons à cheval saluent.

Cette règle est applicable aux sous-officiers, caporaux, brigadiers ou soldats qui marchent isolément en armes pour un motif quelconque.

TITRE IV.

HONNEURS DU DÉFILÉ.

(Décret du 4 octobre 1891.)

Art. 280. Les honneurs du défilé sont exclusivement attribués :

Au Président de la République ;
Aux ministres de la guerre et de la marine ;
Aux maréchaux et amiraux ;
Aux généraux de division et vice-amiraux ;
Aux généraux de brigade et contre-amiraux ;
Aux chefs de corps par les troupes sous leurs ordres ;
Aux officiers supérieurs commandants d'armes ou exerçant titulairement un commandement territorial en Algérie ou aux colonies.

Les officiers placés, à quelque titre que ce soit, à la tête d'une troupe, font aussi défiler cette troupe, mais ils commandent eux-mêmes le défilé, qui n'a pas, dans ce cas, le caractère que lui attribue le paragraphe précédent.

Lorsque les troupes défilent, les officiers de tout grade, les commandants des troupes, les drapeaux et étendards rendent à la personne devant laquelle ils défilent, les honneurs prescrits par l'article 262.

Lorsque les troupes défilent devant les chefs de corps, les officiers supérieurs commandants d'armes ou exerçant titulairement un commandement territorial en Algérie ou aux colonies, le commandant des troupes les salue de l'épée ou du sabre. Les officiers supérieurs, drapeaux et étendards ne saluent pas.

Dans les revues, les prises d'armes et les défilés, le commandant des troupes, quel que soit son grade, salue de l'épée ou du sabre la personne à qui les honneurs sont dus.

Dans toutes les circonstances où les troupes doivent rendre les honneurs, les membres de l'intendance, du corps de santé militaire, les vétérinaires et les autres fonctionnaires des armées de terre et de mer ayant rang d'officier qui ne mettent pas l'arme à la main, saluent dans les mêmes conditions que les officiers de troupe qui leur sont assimilés. Ce salut s'exécute en portant la main droite à la coiffure.

Les officiers convoqués pour une revue sans avoir de commandement dans les troupes qui défilent ou sans être appelés à faire partie des états-majors, les officiers et fonctionnaires spécifiés dans le paragraphe précédent et n'appartenant pas aux corps de troupe présents à la revue, mais qui y ont été convoqués par les officiers généraux commandant, ne défilent pas. Pendant la revue, ils se placent sur le terrain à la droite des troupes, et, pendant le défilé, ils se placent derrière la personne à qui les honneurs sont dus. Dans les deux cas, ils se rangent dans l'ordre assigné aux troupes de leur arme, les chefs de service au premier rang, ayant leur personnel derrière eux. Ils ne mettent pas l'arme à la main et, quand ils doivent saluer, ils le font en portant la main droite à la coiffure.

TITRE V.

SALVES D'ARTILLERIE.

Président de la République (art. 301 du décret sur le service des places). — Dans les places et camps à l'intérieur, il est tiré 101 coups de canon à l'arrivée et au départ du Président de la République.

Ministres (art. 302). — Dans les mêmes circonstances il est tiré :

Pour le ministre de la guerre................
Pour le ministre de la marine, dans les places qui sont ports militaires...................... } 10 coups de canon;

Pour les autres ministres, et pour le ministre de la marine dans les places qui ne sont pas ports militaires.............................. } 17 coups de canon.

Maréchaux, amiraux, généraux (art. 303). — Pour les maréchaux, amiraux et généraux, lors de leur prise de possession ou de leur première entrée dans une place de leur commandement, il est tiré :

Pour les maréchaux de France et amiraux..... 17 coups de canon;

Pour les généraux de division commandant une ou plusieurs armées..........................
Pour les vice-amiraux pourvus d'une commission de commandement d'amiral............... } 15 coups de canon;

Pour les généraux de division commandant un corps d'armée.............................
Pour les vice-amiraux commandant en chef à la mer ou préfets maritimes...................
Pour les généraux de division commandant une région après la mobilisation.................. } 11 coups de canon;

Pour les généraux de division commandant un groupe de subdivision de région................. } 9 coups de canon;

Pour les généraux de brigade commandant des subdivisions territoriales et les contre-amiraux majors généraux de la marine................. } 7 coups de canon.

Echange de saluts entre les autorités de terre et de mer (art. 304). — Lorsqu'une escadre arrive dans un port, les saluts mentionnés à l'article précédent sont échangés entre les officiers généraux des armées de terre et de mer lors de la première visite officielle qu'ils se font, soit à terre, soit à bord.

Dans les mêmes conditions, les vice-amiraux et les contre-amiraux commandant en chef des nations étrangères sont salués, les premiers de 15 coups de canon et les seconds de 13.

Saluts à rendre aux bâtiments de guerre étrangers (art. 305). — Lorsque des bâtiments de guerre étrangers, à leur arrivée dans un des ports ou sur une des rades du littoral, saluent le pavillon national, ce salut doit être rendu dans les chefs-lieux des arrondissements maritimes par les soins des préfets maritimes commandant en chef. et, dans tous les autres ports, sur l'ordre des commandants d'armes.

Il en est de même lorsque. après entente préalable. il y a lieu de s'associer aux salves tirées par ces bâtiments à titre de réjouissance nationale.

Les saluts sont toujours rendus coup pour coup, mais sans dépasser toutefois 21 coups de canon.

Les forts ou batteries chargés de rendre les salves doivent avoir le pavillon français en tête du mât.

Les munitions pour les salves d'artillerie sont fournies par l'État. (Art. 329.)

TITRE VI.

CHAPITRE Ier.

MOT D'ORDRE.

Port du mot d'ordre.

(Décret du 4 octobre 1891, art. 306.)

Le mot est porté, lorsqu'ils séjournent temporairement à titre officiel dans une place ou une ville de garnison autre que Paris :

Aux ministres... } par un capitaine.
Aux maréchaux de France ou amiraux..............
Aux généraux de division........................... } par un lieutenant
Aux vice-amiraux....................................... } ou sous-lieutenant.
Aux intendants généraux...............................
Au médecin inspecteur général de santé.............. }
Aux généraux de brigade............................. } par
Aux contre-amiraux.................................... } un sous-officier.
Aux intendants militaires.............................
Aux inspecteurs du service de santé de l'armée....... }

Il pourra être envoyé aussi par un sous-officier, mais seulement sur leur demande, aux préfets et aux présidents des cours d'assises, aux chefs du service des douanes, du service forestier et de la police municipale.

CHAPITRE II.

GARDES D'HONNEUR.

(Décret du 4 octobre 1891.)

ART. 268 et 288. *Règles relatives aux gardes d'honneur.* — Les gardes d'honneur sont fournies sur la demande des officiers généraux auxquels elles sont dues ; elles rentrent à leur quartier aussitôt l'arrivée à leur logis de ces officiers, en ne laissant, s'il y a lieu, que le nombre d'hommes nécessaires pour fournir les sentinelles.

Les gardes d'honneur ne rendent d'honneurs qu'à la personne près de laquelle elles sont placées et à celles qui lui sont supérieures ou égales en rang.

Il n'existe pas de gardes d'honneur permanentes, sauf celles des gouverneurs militaires et des commandants de corps d'armée qui sont composées d'un caporal, un clairon et quatre hommes. (Circ. du 27 octobre 1891.)

Toutefois, les commandants de corps d'armée peuvent, en en rendant compte, maintenir ou rétablir temporairement des postes dans les préfectures, toutes les fois qu'ils jugent cette mesure nécessaire pour assurer la sécurité publique ou prévenir des désordres.

Il est fourni un factionnaire aux présidents des cours d'assises pendant les sessions, et aux inspecteurs généraux pendant la durée de leurs inspections; ces factionnaires ne font qu'un service de jour et sont tirés de postes déjà existants.

En Algérie et en Tunisie, les officiers généraux commandants d'armes ont droit en permanence à une garde d'honneur, composée comme il est dit plus haut pour les généraux commandant les corps d'armée. (Circ. du 16 avril 1894.)

Art. 273. *Cas où les sentinelles peuvent ne pas être fournies.* — Lorsque, dans une garnison, le nombre d'hommes disponibles ou les nécessités du service ne permettent pas d'établir certains postes ou de fournir certaines sentinelles, le général commandant la région en informe les autorités ou fonctionnaires intéressés, qui ne peuvent élever à ce sujet aucune réclamation.

TITRE VII.

HONNEURS A RENDRE AU PRÉSIDENT DE LA RÉPUBLIQUE

CHAPITRE Ier.

HONNEURS MILITAIRES.

(Décret du 4 octobre 1891.)

Les honneurs militaires sont rendus sur l'ordre des ministres de la guerre ou de la marine.

(Art. 346 du décret du 4 octobre 1891.)

Art. 263. *Honneurs à rendre par les troupes.* — Lorsque le Président de la République entre dans une place, le commandant d'armes le reçoit à son arrivée. Toutes les troupes prennent les armes, se forment en haie sur son passage ou sont établies sur les places et rendent les honneurs prescrits à l'article 262.

Si une troupe en marche rencontre le Président de la République, elle s'arrête et lui fait face pour rendre les honneurs.

Si le Président de la République séjourne, les corps de la garnison fournissent à tour de rôle un poste d'honneur, formé d'un bataillon avec le drapeau et commandé par le chef de corps.

Si le Président de la République séjourne dans un port militaire, le poste d'honneur est fourni alternativement par les troupes des armées de terre et de mer.

Un poste de cavalerie, formé d'un escadron avec l'étendard et commandé par le chef de corps, est également de service à la résidence présidentielle. Ce poste fournit deux vedettes qui se tiennent le fusil haut ou le sabre à la main devant l'entrée de la résidence. Tous les corps de cavalerie alternent pour ce service d'honneur.

Si le Président de la République conserve tout ou partie de ses postes d'honneur, les officiers qui les commandent prennent les ordres du chef de la maison militaire ou de son suppléant.

Lorsque le Président de la République quitte la place, on observe le même cérémonial que pour son entrée.

Lorsque le Président de la République voyage, les brigades de gendarmerie, isolées ou réunies, suivant les ordres spéciaux qu'elles reçoivent, l'attendent au point qui leur est indiqué sur la route qu'il parcourt et lui rendent les honneurs.

Lorsque le Président de la République arrive dans un camp à l'intérieur, il reçoit les mêmes honneurs qu'à son arrivée dans une place.

Dans les lieux où se trouve le Président de la République, les troupes et postes ne rendent d'honneurs qu'à sa personne. Dans sa résidence habituelle, cette restriction est bornée à l'enceinte du palais qu'il habite.

Art. 296. *Escorte d'honneur.* — Lorsque le Président de la République fait son entrée dans une ville, toute la gendarmerie et les troupes à cheval vont au devant de lui et l'escortent jusqu'à sa résidence.

A son départ, la gendarmerie et les troupes à cheval le reconduisent.

Pour l'entrée du Président de la République dans un camp à l'intérieur, l'escorte est composée de la gendarmerie formant la prévôté et d'une brigade de troupes à cheval.

Art. 301. *Salves d'artillerie.* — Dans les places et camps à l'intérieur, il est tiré cent un coups de canon à l'arrivée et au départ du Président de la République.

CHAPITRE II.

HONNEURS CIVILS.

(Décret du 24 messidor an XII, titre III, section II.)

Art. 21. Dans les voyages que fait le Président de la République et qui ont été annoncés par les Ministres, sa réception a lieu de la manière suivante :

Art. 22. Le préfet vient, accompagné d'un détachement de gendarmerie, le recevoir sur la limite du département.

Chaque sous-préfet vient pareillement le recevoir sur la limite de son arrondissement.

Les maires des communes l'attendent chacun sur la limite de leurs municipalités respectives ; ils sont accompagnés de leurs adjoints et du conseil municipal.

Art. 23. A l'entrée du Président de la République dans chaque commune, toutes les cloches sonnent. Si l'église se trouve sur son passage, le curé ou desservant se tient sur la porte, en habits sacerdotaux, avec son clergé.

Art. 24. Dans les villes où le Président de la République s'arrête ou séjourne, les autorités et les fonctionnaires civils et judiciaires sont avertis de l'heure à laquelle le Président leur accordera audience, et ils lui sont présentés par l'officier de la maison militaire à qui ces fonctions sont attribuées.

Art. 25. Ils sont admis dans l'ordre des préséances.

Art. 26. Tous fonctionnaires, ou membres de corporation non compris parmi les autorités ayant rang individuel, ne sont point admis s'ils ne sont mandés par ordre du Président de la République, ou sans sa permission spéciale.

Art. 27. Lorsque le Président de la République a séjourné dans une ville, les mêmes autorités qui l'ont reçu à l'entrée, se trouvent à sa sortie pour lui rendre leurs hommages, s'il sort de jour.

CHAPITRE III.

RÉCEPTION DES AUTORITÉS PAR LE PRÉSIDENT DE LA RÉPUBLIQUE.

(Dép. minist. du 8 septembre 1877. — Cabinet du Ministre de la guerre.)

Mon cher Général, vous m'avez fait l'honneur de me communiquer une note établie sur les indications de M. le préfet d'Indre-et-Loire et réglant l'ordre dans lequel devraient, de l'avis de ce haut fonctionnaire, avoir lieu les présentations des diverses autorités militaires et civiles à la réception de M. le maréchal président de la République; et vous me faites remarquer à ce sujet que dans ce programme figure le conseil général, qui n'a pas de rang dans le décret de 1875, et qu'au conseil de préfecture sont joints les sous-préfets, qui se trouveraient ainsi placés devant le général commandant les subdivisions territoriales.

Il n'existe pas de prescription spéciale réglementaire déterminant l'ordre de présentation des autorités au chef de l'État, ou à une haute autorité; on ne peut donc procéder que par analogie, en pareille circonstance, en interprétant de la manière qui paraît la plus rationnelle les décisions relatives aux préséances.

Ainsi, en ce qui concerne le conseil général, il n'a, d'après les décrets de messidor an XII et décembre 1875, aucun rang de préséance; il est évident, pourtant, qu'il ne peut être exclu de la présentation, et qu'en raison de son importance comme corps électif on ne peut lui attribuer un rang inférieur à celui qu'a indiqué M. le préfet d'Indre-et-Loire.

Quant au conseil de préfecture, il devrait, si l'on se conformait strictement aux décrets précités, marcher avant l'état-major des subdivisions territoriales; mais l'état-major des subdivisions de région ayant été réuni au général commandant ces subdivisions, le conseil de préfecture et les sous-préfets du département pourront prendre rang après cet officier général et son état-major.

Il y aura donc à modifier dans ce sens l'ordre de présentation que vous avait proposé M. le préfet.

Cette modification, la seule qu'il y ait à opérer dans le programme des présentations, a reçu l'assentiment de mon collègue de l'intérieur, que j'ai consulté à ce sujet.

Je vous prie de vouloir bien arrêter, en conséquence, les dispositions concernant la réception des autorités par M. le maréchal président, et j'ai l'honneur de vous informer que M. le préfet d'Indre-et-Loire recevra, de son côté, des instructions analogues de M. le Ministre de l'intérieur.

Recevez, mon cher Général, l'assurance de ma haute considération.

Le Ministre de la guerre,
Signé : Gal A. BERTHAUT.

Ordre des présentations, adopté en 1877.

Le général commandant le 9e corps d'armée et son état-major.
Le président de la cour d'appel et le procureur général.
L'archevêque et son clergé.
Le général de division et l'état-major de la division.

Le préfet et le secrétaire général de la préfecture.
Le conseil général.
Le général commandant la subdivision territoriale.
Le conseil de préfecture et les sous-préfets du département.
Le tribunal de 1ʳᵉ instance.
Le tribunal de commerce.
Le conseil d'arrondissement de Tours.
Le ministre protestant.
Le corps académique et l'Ecole de médecine.
L'état-major de la place et les troupes de la garnison.
La chambre de commerce.
Les juges de paix.
Le conseil des prud'hommes.
Les commissaires de police.
Le corps des ingénieurs des ponts et chaussées et les commissaires de surveillance des chemins de fer.
L'administration des télégraphes.
L'administration centrale des finances (trésorier-payeur général et percepteurs).
L'administration des contributions directes.
L'administration des contributions indirectes.
L'administration de l'enregistrement et des domaines.
L'administration des postes.
L'administration des forêts.
Le directeur de la Banque de France.
L'ingénieur du chemin de fer d'Orléans.
L'inspecteur principal de l'exploitation et les chefs des gares.
Le chef de l'exploitation du chemin de fer de l'Etat.
Le vérificateur en chef des poids et mesures.
L'archiviste départemental.
Le conseil d'hygiène et de salubrité de l'arrondissement.
L'agent-voyer en chef et l'administration des chemins vicinaux.
L'inspecteur et le sous-inspecteur des enfants assistés.
L'architecte départemental.
Le bâtonnier de l'ordre des avocats et le conseil des avocats.
La chambre des notaires.
La chambre des avoués.
La commission des hospices et du bureau de bienfaisance.
La société d'agriculture, sciences, arts et belles-lettres.
La chambre consultative d'agriculture de l'arrondissement.
La société archéologique.
La société d'horticulture.
Le bureau de la société des sauveteurs.
Le bureau de la société de secours mutuels des instituteurs du département
Les corps municipaux du département.

TITRE VIII.

HONNEURS A RENDRE AUX MINISTRES.

CHAPITRE Ier.

HONNEURS MILITAIRES.

(Décret du 4 octobre 1891.)

Les honneurs militaires sont rendus sur l'ordre des Ministres de la guerre ou de la marine.

(Art. 346 du décret.)

Le Ministre de la guerre à MM. les Gouverneurs militaires de Paris et de Lyon, les généraux commandant les corps d'armée. (Cabinet; Correspondance générale.)

Paris, le 6 juin 1884.

Mon cher Général, j'ai l'honneur de vous envoyer ci-joint le texte d'une circulaire que M. le Ministre de l'intérieur vient d'adresser, sur ma demande, à MM. les préfets des départements, au sujet des honneurs militaires dus aux Ministres lors de leurs visites officielles sur un point quelconque du territoire.

Par suite des prescriptions contenues dans cette circulaire, toutes les fois qu'un Ministre se transportera officiellement dans une localité située dans l'étendue de votre commandement, vous voudrez bien attendre mes ordres avant de prendre aucune disposition au sujet des honneurs militaires à lui rendre.

Le Ministre de la guerre,

Signé : E. CAMPENON.

Ministère de l'intérieur. (Direction du cabinet; 1er bureau.)
Circulaire n° 479.

Paris, le 29 mai 1884.

Monsieur le préfet, à diverses reprises, en prévision de la visite officielle d'un membre du gouvernement sur un point du territoire, le préfet du département a cru pouvoir en référer directement à M. le Ministre de la guerre à l'effet de lui demander de donner les ordres nécessaires pour l'application des règlements sur les honneurs militaires à rendre aux Ministres. En appelant mon attention sur ce point, M. le général Campenon me fait observer, à juste titre, que les Ministres intéressés pouvant seuls décider s'ils désirent que les honneurs leur soient ou non rendus, il serait préférable de leur laisser à cet égard l'initiative des communications à faire à leur collègue de la guerre. En conséquence, toutes les fois qu'un membre du cabinet devra se rendre officiellement dans votre département, vous voudrez bien lui demander ses intentions, mais lui laisser le soin de régler personnellement la question avec le Ministre de la guerre.

Je vous recommmande de ne pas perdre de vue les instructions de la présente circulaire, dont je désire que vous m'accusiez réception.

Recevez, Monsieur le préfet, l'assurance de ma considération très distinguée.

Le Ministre de l'intérieur,
Signé : WALDECK-ROUSSEAU.

ART. 264. *Honneurs à rendre par les troupes.* — La garnison prend les armes. Les troupes sont formées sur leur passage et présentent les armes. Les tambours et les clairons battent et sonnent aux champs, les trompettes sonnent la marche, les musiques jouent l'air national.

Les commandants des troupes et les officiers supérieurs seulement saluent de l'épée ou du sabre. Les drapeaux et étendards saluent.

Une garde d'honneur de soixante hommes, commandée par un capitaine, leur est envoyée ; elle fournit deux sentinelles.

Pour le Ministre de la guerre dans toutes les places, et pour le Ministre de la marine dans les places qui sont en même temps ports militaires, la garde est de quatre-vingts hommes commandés par un capitaine. Le commandant d'armes le reçoit à son arrivée. Un officier d'ordonnance du grade de lieutenant ou de sous-lieutenant lui est envoyé par chaque corps de la garnison.

Pour le Ministre de la marine, la garde est fournie par les troupes de son département.

ART. 297. *Escorte d'honneur.* — Une escorte d'honneur va au-devant des Ministres ; elle n'est fournie que sur leur demande et se compose :

Pour le Ministre de la guerre,
Pour le Ministre de la marine, dans les places qui sont ports militaires,

De cinq brigades de gendarmerie commandées par un chef d'escadron et de deux escadrons de troupes à cheval commandés par un chef d'escadron.

Pour les autres Ministres et pour le Ministre de la marine dans les places qui ne sont pas ports militaires,

De cinq brigades de gendarmerie commandées par un capitaine et d'un escadron de troupes à cheval commandé par un capitaine.

Art. 302. *Salves d'artillerie.* — A l'arrivée et au départ, il est tiré :

Pour le Ministre de la guerre,
Pour le Ministre de la marine, dans les places qui sont ports militaires,

19 coups de canon.

Pour les autres Ministres et pour le Ministre de la marine, dans les places qui ne sont pas ports militaires,

17 coups de canon.

Art. 253. *Visites de corps.* — Les Ministres ont droit aux visites de corps.

Art. 306. *Mot d'ordre.* — Lorsqu'ils séjournent temporairement dans une place ou une ville de garnison, le mot leur est porté par un capitaine.

CHAPITRE II.

HONNEURS CIVILS.
(Décret du 24 messidor an XII, titre VII, section II.)

Dans les chefs-lieux de département ou d'arrondissement, les préfets ou sous-préfets vont les recevoir.

Dans les communes, les maires vont également les recevoir à la porte de la ville.

Les cours d'appel les visitent par une députation composée d'un président, du procureur général ou substitut, du quart des juges.

Les autres cours et tribunaux s'y rendent par députation composée de la moitié de la cour ou du tribunal.

Pour le Ministre de la justice, les députations des tribunaux se composent, savoir : -

Les cours d'appel, d'une députation composée du premier président, du procureur général et de la moitié des juges ;

Les autres cours et tribunaux s'y rendent en corps.

Les maires et adjoints vont, au moment du départ des Ministres, prendre congé d'eux dans leur logement.

Les Ministres reçoivent les visites individuelles des autorités nommées après eux dans l'ordre des préséances, ainsi que les visites des corps qui ont rang et séance.

CHAPITRE III.

RÉCEPTIONS OFFICIELLES.

Ordre de présentation adopté pour la réception des diverses autorités par M. le Ministre des travaux publics le 14 juin 1891,
à l'hôtel de la préfecture d'Indre-et-Loire.

Le général commandant le 9° corps d'armée.
L'archevêque de Tours.
Les généraux de brigade.
Les sous-préfets.
Le président du tribunal de première instance.
Le président du tribunal de commerce.
Le maire de Tours.
Le président du consistoire de l'Eglise réformée.
Le consul d'Italie.
Députation des membres de la Légion d'honneur.
Le conseil de préfecture.
Le tribunal de première instance.
Le corps municipal de Tours.
Le corps académique.
Le tribunal de commerce.
La chambre de commerce.
Les juges de paix.
Le conseil de prud'hommes.
Les commissaires de police.
Le corps d'officiers de sapeurs-pompiers de Tours.
Le corps des ingénieurs des ponts et chaussées et des mines et
les commissaires de surveillance des chemins de fer.
L'administration des finances (trésorier-payeur général, percep-
teurs, etc.).
L'administration des contributions directes.
L'administration des contributions indirectes.
L'administration de l'enregistrement, des domaines et du timbre.
L'administration des forêts.
L'administration des postes et télégraphes.
L'école de médecine et de pharmacie.
Le personnel de l'enseignement secondaire.
Le personnel de l'enseignement primaire.
Le personnel de l'école régionale des beaux-arts.
Le personnel de l'école nationale de musique de Tours.
Le directeur de la succursale de la Banque de France.
Les chefs de service des chemins de fer de l'Etat.
Les chefs de service des chemins de fer d'Orléans.

L'agent-voyer en chef et les agents-voyers.
Le personnel des bureaux de la préfecture.
Le directeur de la 18° circonscription pénitentiaire.
L'inspecteur régional des poids et mesures.
Le conservateur des archives départementales.
L'inspecteur et le sous-inspecteur des enfants assistés.
L'architecte départemental.
Le professeur départemental d'agriculture.
Le conseil d'hygiène et de salubrité.
Le bâtonnier de l'ordre des avocats et le conseil des avocats.
La chambre des notaires.
La chambre des avoués.
Les commissions administratives des hospices et du bureau de bienfaisance.
La chambre consultative d'agriculture de l'arrondissement de Tours.
Sociétés diverses.

TITRE IX.

HONNEURS A RENDRE AUX CONSEILLERS D'ÉTAT EN MISSION.

Honneurs militaires.

(Décret du 4 octobre 1891, art. 253.)

Les conseillers d'Etat en mission extraordinaire ont droit à des visites de corps.

Honneurs civils.

(Décret du 24 messidor an XII, titre X, section II.)

Les maires et adjoints se trouvent à leur logement avant leur arrivée.

Ils sont visités, immédiatement après leur arrivée, par toutes les autorités nommées après eux dans le titre *des Préséances.*

Les cours d'appel s'y rendent par une députation composée d'un président, du procureur général et de quatre juges ; les autres cours et tribunaux, par une députation composée de la moitié de la cour ou du tribunal.

S'ils séjournent vingt-quatre heures dans la ville, ils rendent les visites qu'ils ont reçues des autorités constituées en la personne de leurs chefs ; ils font, dans le même cas, des visites aux personnes désignées avant eux dans le titre *des Préséances.*

Les maires et adjoints iront prendre congé d'eux au moment de leur départ.

TITRE X.

HONNEURS A RENDRE AUX MARÉCHAUX DE FRANCE ET AMIRAUX.

CHAPITRE Ier.

HONNEURS MILITAIRES.

(Décret du 4 octobre 1891.)

Art. 265. *Honneurs à rendre par les troupes.* — Les maréchaux de France ou amiraux investis d'un commandement ou en mission sont reçus, lors de leur prise de possession ou de leur première entrée, de la même manière que les Ministres de la guerre et de la marine, mais leur garde n'est que de cinquante hommes commandés par un capitaine.

Art. 297. *Escorte d'honneur.* — Il leur est fourni, sur leur demande, une escorte composée de cinq brigades de gendarmerie commandées par un capitaine et d'un escadron de troupes à cheval commandé par un capitaine.

Art. 303. *Salves d'artillerie.* — Pour les maréchaux et amiraux, lors de leur prise de possession ou de leur première entrée dans une place de leur commandement il est tiré 17 coups de canon.

Art 306. *Mot d'ordre.* — Lorsqu'ils séjournent temporairement dans une place ou une ville de garnison, le mot leur est porté par un capitaine.

Art. 253. — Ils ont droit à des visites de corps.

CHAPITRE II.

HONNEURS CIVILS.

(Décret du 24 messidor, an XII, titre VIII, section II,)

Les maires et adjoints se trouvent à leur logis avant leur arrivée.

Les cours d'appel, autres cours et tribunaux, se rendent chez eux de la même manière que chez les Ministres.

Les maires et adjoints vont prendre congé d'eux dans leur logis, au moment de leur départ.

Les maréchaux reçoivent, dans l'étendue de leur commandement, les mêmes honneurs civils que les Ministres.

(V. le titre XIV, au sujet des visites à recevoir et à rendre).

TITRE XI.

HONNEURS A RENDRE AUX GÉNÉRAUX DE DIVISION COMMANDANT EN CHEF UNE OU PLUSIEURS ARMÉES.

Honneurs militaires.
(Décret du 4 octobre 1891, art. 266.)

Les généraux de division commandant en chef une ou plusieurs armées reçoivent, dans l'étendue de leur commandement, lors de leur prise de possession ou de leur première entrée, les honneurs attribués aux maréchaux.

Honneurs civils.
(Décret du 28 décembre 1875, art. 8.)

Ils reçoivent les mêmes honneurs civils que les maréchaux de France hors de leur commandement.

TITRE XII.

HONNEURS A RENDRE AUX VICE-AMIRAUX POURVUS D'UNE COMMISSION DE COMMANDEMENT D'AMIRAL.

Honneurs militaires.
(Décret du 4 octobre 1891, art. 266.)

Les vice-amiraux pourvus d'une commission de commandement d'amiral, lorsqu'ils se présentent dans une place de guerre qui est en même temps port militaire, ont droit aux mêmes honneurs que ceux dévolus aux amiraux.

Honneurs civils.
(Décret du 28 décembre 1875, art. 8.)

Ils reçoivent les mêmes honneurs civils que les amiraux.

TITRE XIII.

HONNEURS MILITAIRES A RENDRE AUX MEMBRES DU CONSEIL SUPÉRIEUR DE LA GUERRE

Lorsqu'ils sont chargés d'une inspection générale de corps d'armée.

(Dép. du 13 mai 1890. — Cabinet.)

Les membres du conseil supérieur de la guerre chargés d'une inspection générale de corps d'armée reçoivent les honneurs prescrits par l'article 262 du décret du 4 octobre 1891. 2° §. (V. plus haut.)

Ils ont une garde de 50 hommes commandés par un capitaine ; cette garde fournit deux sentinelles. Un officier de la garnison, du grade de chef de bataillon ou d'escadron, est mis à leur disposition dès leur arrivée.

Le mot d'ordre leur est porté par un lieutenant ou sous-lieutenant.

Ils ont droit à des visites de corps et à des visites individuelles de la part des autorités militaires ; la première visite leur est faite par le général commandant le corps d'armée ou par le général commandant la division, dans la résidence de ces officiers généraux.

Lorsque, n'étant pas inspecteurs généraux de corps d'armée, ils sont chargés d'une mission spéciale.

(Dép. du 2 mars 1891. — Cabinet.)

Les membres du conseil supérieur de la guerre, chargés par le Ministre d'une mission spéciale n'ayant pas un caractère secret, reçoivent, lorsqu'ils en font la demande au général commandant le corps d'armée, les honneurs dévolus aux généraux de division, inspecteurs généraux ou employés. (V. titre XVI.)

TITRE XIV.

HONNEURS A RENDRE AUX GÉNÉRAUX DE DIVISION GOUVER-
NEURS DE PARIS OU DE LYON, AUX GÉNÉRAUX DE DIVISION
COMMANDANT UN CORPS D'ARMÉE, AUX GÉNÉRAUX DE DIVISION
COMMANDANT LA RÉGION TERRITORIALE APRÈS LA MOBILISA-
TION ET AUX VICE-AMIRAUX COMMANDANT EN CHEF, PRÉFETS
MARITIMES.

CHAPITRE Ier.

HONNEURS MILITAIRES.

(Décret du 4 octobre 1891.)

Art. 266. Lorsque les généraux de division gouverneurs de
Paris ou de Lyon, les généraux de division commandant un corps
d'armée et les généraux de division commandant la région
territoriale après la mobilisation, prennent possession de leur
commandement ou entrent pour la première fois dans une place
qui en dépend, le major de la garnison les reçoit à leur arrivée.
Les troupes sont formées sur leur passage et rendent les honneurs
prescrits par l'article 262. Leur garde d'honneur est de cinquante
hommes commandés par un capitaine; elle fournit deux sentinelles. Ils ont droit en tout temps à deux sentinelles.

Dans une place de guerre qui est en même temps port militaire,
les vice-amiraux commandant en chef, préfets maritimes, reçoivent les mêmes honneurs.

Art. 297. *Escorte d'honneur.* — Sur leur demande il leur est
fourni une escorte d'honneur composée de trois brigades de gendarmerie commandées par un lieutenant, et de deux pelotons de
troupes à cheval commandés par un lieutenant.

Art. 303. *Salves d'artillerie.* — Lors de leur prise de possession
ou de leur première entrée dans une place de leur commandement
il est tiré onze coups de canon.

Art. 253. Ils ont droit aux visites de corps.

Art. 306. *Mot d'ordre.* — Lorsqu'ils séjournent temporairement
dans une place ou ville de garnison, le mot d'ordre leur est porté
par un lieutenant ou sous-lieutenant.

CHAPITRE II.

HONNEURS CIVILS.

(Décrets des 28 décembre 1875 et 20 septembre 1876.)

***

a) **Généraux de division gouverneurs de Paris ou de Lyon, généraux de division commandant un corps d'armée, vice-amiraux commandant en chef, préfets maritimes.**

Ces officiers généraux reçoivent les honneurs civils fixés par l'article 6 du titre VIII du décret du 24 messidor an XII. (Art. 8 du décret du 28 décembre 1875.)

L'article 6 qui vient d'être visé n'ayant pas paru suffisamment précis, le conseil d'Etat, sur la demande du Ministre de la guerre, a émis l'avis suivant, à la suite duquel le décret du 20 septembre 1876 a été rendu.

Avis.

Le conseil d'Etat, qui, sur le renvoi ordonné par le Ministre de la guerre, a délibéré sur l'interprétation que peut comporter l'article 6, titre VIII, du décret du 24 messidor an XII, article auquel se réfère l'article 8 du décret du 28 décembre 1875, pour fixer les honneurs civils attribués aux généraux de division commandant les corps d'armée et les régions de corps d'armée, ainsi qu'aux vice-amiraux commandant en chef, préfets maritimes, en ce qui regarde les visites officielles qui doivent, par application du quatrième paragraphe dudit article du décret de messidor, être faites aux autorités susnommées ;

Vu la dépêche du Ministre de la guerre, en date du 11 août 1876 ;

Vu les dépêches du Garde des sceaux, Ministre de la justice et des cultes, en date du 29 mai 1876, des Ministres de l'intérieur en date du 1er septembre 1876, de la marine et des colonies en date du 28 août 1876, de l'agriculture et du commerce en date du 26 août 1876, de l'instruction publique et des beaux-arts en date du 10 mai 1876 ;

Vu le décret du 24 messidor an XII, et celui du 28 décembre 1875 ;

Considérant, au fond, que les propositions du Ministre de la guerre relatives aux règles à suivre pour les honneurs civils prévus par le décret du 28 décembre 1875 paraissent conformes à l'esprit du décret du 24 messidor an XII, que le Garde des sceaux Ministre de la justice et des cultes, et les autres Ministres compétents ont tous donné leur adhésion aux propositions du Ministre de la guerre ;

Mais, considérant qu'il ne paraît pas suffisant, pour régler définitivement cette question, de notifier aux autorités intéressées un avis du conseil d'Etat approuvé par les Ministres ;

Considérant que l'article 6, titre VIII, du décret du 24 messidor an XII n'a pas suffisamment indiqué les visites qui doivent être faites aux fonctionnaires désignés dans cet article ; qu'en l'absence des précédents, qui n'ont pu être retrouvés, il faudrait, pour déterminer la portée des dispositions qu'il renferme, recourir à des rapprochements de textes et à des déductions plus ou moins contestables ;

Que les observations sus-visées signalent plusieurs lacunes dans le même article

Que le décret de messidor n'ayant pas prévu la réunion dans les mêmes mains du commandement d'un corps d'armée et de celui d'une région territoriale militaire, il paraît préférable d'arrêter, par un texte spécial et précis, les dispositions qui devront être observées,

Est d'avis que les propositions du Ministre de la guerre doivent faire l'objet d'un décret (1).

Cet avis a été délibéré et adopté par le conseil d'Etat, dans sa séance du 7 septembre 1876.

Le Président de section, présidant la séance.
Signé : Léon Aucoc.

Le Conseiller d'Etat, rapporteur,
Signé : DE CIRCOURT.

---

(1) Le projet de décret était joint à la présente délibération.

Décret relatif aux honneurs civils attribués aux officiers généraux dénommés à l'article 8 du décret du 28 décembre 1875.

AU NOM DU PEUPLE FRANÇAIS,

Le Président de la République française,

Sur la proposition du Ministre de la guerre, le conseil d'État entendu,

DÉCRÈTE :

ART. 1er. Les honneurs civils attribués par l'article 8 du décret du 28 décembre 1875 aux généraux de division gouverneurs de Paris et de Lyon, aux généraux de division commandant les corps d'armée et les régions de corps d'armée, aux vice-amiraux commandant en chef, préfets maritimes, sont fixés ainsi qu'il suit :

Lorsque ces officiers généraux entreront pour la première fois dans les villes comprises dans l'étendue de leur commandement, les maires et les adjoints se trouveront à leur logis avant leur arrivée.

Ils seront visités par les personnes nommées après eux dans l'ordre des préséances. Les corps qui ont rang et séance dans les cérémonies publiques se rendront chez eux; les cours d'appel s'y rendront par une députation composée d'un président, du procureur général ou substitut, du quart des conseillers ; les tribunaux, par une députation composée de la moitié du tribunal.

S'il se trouve dans la ville une personne nommée avant eux dans l'ordre des préséances, ils la visiteront dès qu'ils auront reçu les visites qui leur sont dues; la visite leur sera rendue dans les vingt-quatre heures. S'ils séjournent plus de vingt-quatre heures, ils rendront, en la personne des autorités ou des chefs de corps, les visites qu'ils auront reçues.

ART. 2. Les Ministres de la justice et des cultes, des affaires étrangères, de l'intérieur, de la guerre, de la marine et des colonies, de l'instruction publique et des beaux-arts, de l'agriculture et du commerce sont chargés, chacun en ce qui le concerne, de l'exécution du présent décret, qui sera inséré au *Journal officiel,* au *Journal militaire officiel,* au *Bulletin officiel de la marine* et au *Bulletin des lois.*

Fait à Paris, le 29 septembre 1876.

Maréchal DE MAC-MAHON.

Par le Président de la République :

Le Ministre de la guerre,
Gal A. BERTHAUT.

**b) Généraux de division commandant la région territoriale après
la mobilisation.**

(Décret du 28 décembre 1875, art. 0.)

Les généraux de division qui prennent le commandement d'une
région après le départ du corps d'armée mobilisé reçoivent, dans
l'étendue de leur région, les honneurs civils fixés au titre XIV du
décret du 24 messidor an XII, pour les généraux de division commandant une division militaire territoriale.

Ces honneurs sont les suivants :

Ils reçoivent la visite du président du tribunal d'appel et de
toutes les autres personnes ou chefs des autorités nommées après
eux dans l'article des préséances ; ils rendent les visites dans les
vingt-quatre heures.

Ils visitent, dès le jour de leur arrivée, les personnes dénommées avant eux dans l'ordre des préséances ; les visites leur sont
rendues dans les vingt-quatre heures par les fonctionnaires employés dans les départements.

TITRE XV.

HONNEURS A RENDRE AUX GÉNÉRAUX COMMANDANT UN GROUPE DE SUBDIVISIONS DE RÉGION.

CHAPITRE Iᵉʳ.

HONNEURS MILITAIRES.

(Décret du 4 octobre 1891.)

Art. 296. *Honneurs à rendre par les troupes.* — Lorsque les généraux de division commandant un groupe de subdivisions de région
prennent possession de leur commandement ou entrent pour la
première fois dans une place qui en dépend, si cette place n'est
pas la résidence du commandant du corps d'armée le major de
la garnison les reçoit à leur arrivée. Les troupes sont formées sur
leur passage et rendent les honneurs. Leur garde d'honneur est
de cinquante hommes commandés par un capitaine ; elle fournit
deux sentinelles. Ils ont droit en tout temps à deux sentinelles.

Art. 297. *Escorte d'honneur.* — Une escorte d'honneur va, sur
leur demande, au-devant d'eux. Elle se compose de deux brigades
de gendarmerie commandées par un lieutenant et de deux pelotons de troupes à cheval commandés par un lieutenant.

Art. 303. *Salves d'artillerie.* — Pour les généraux de division
commandant un groupe de subdivisions de région, lors de leur

prise de possession ou de leur première entrée dans une place de leur commandement il est tiré 9 coups de canon.

Art. 306. *Mot d'ordre* — Lorsqu'ils séjournent temporairement dans une ville ou place de garnison, le mot leur est porté par un lieutenant ou sous-lieutenant.

Art. 253. *Visites de corps.* — Ils ont droit à des visites de corps.

CHAPITRE II.

HONNEURS CIVILS.

Décret du 28 décembre 1875, art. 10.)

Les généraux de division investis du commandement de subdivisions de région reçoivent la visite des personnes nommées après eux dans l'ordre des préséances et visitent les personnes placées avant eux ; les visites sont faites et rendues dans les conditions indiquées plus haut : titre XIV, chapitre II, § *b*).

TITRE XVI.

HONNEURS A RENDRE AUX GÉNÉRAUX DE DIVISION ET VICE-AMIRAUX INSPECTEURS GÉNÉRAUX OU EMPLOYÉS.

(Décret du 4 octobre 1891, art. 266.)

Honneurs militaires. — Les troupes de la garnison ne prennent pas les armes. Leur garde d'honneur est de cinquante hommes commandés par un capitaine ; elle fournit deux sentinelles. Ils ont droit en tout temps à deux sentinelles.

Escortes. — Une escorte d'honneur, fournie sur leur demande et composée de deux pelotons de troupes à cheval commandés par un lieutenant, va au-devant des généraux de division commandant les divisions actives, des généraux de division et des vice-amiraux inspecteurs généraux, la première et la dernière fois qu'ils voient les troupes. (Art. 297.)

Pour les généraux de division et généraux de brigade inspecteurs généraux de gendarmerie, l'escorte se compose de trois brigades de gendarmerie à cheval commandées par un lieutenant. (Art. 297.)

Mot d'ordre. — Le mot d'ordre est porté aux généraux de division et vice-amiraux inspecteurs généraux lorsqu'ils séjournent temporairement dans une place ou ville de garnison, par un lieutenant ou sous-lieutenant. (Art. 306.)

Visites de corps. — Ils ont droit à des visites de corps.

Visites individuelles. — V. plus loin p. 100.

TITRE XVII.

HONNEURS A RENDRE AUX GÉNÉRAUX DE BRIGADE COMMAN-
DANT UNE OU PLUSIEURS SUBDIVISIONS DE RÉGION, AVANT
OU APRÈS LA MOBILISATION, ET AUX CONTRE-AMIRAUX MAJORS
GÉNÉRAUX DE LA MARINE.

CHAPITRE Ier.

HONNEURS MILITAIRES.

(Décret du 4 octobre 1891.)

ART. 267. *Honneurs à rendre par les troupes.* — Lorsque les généraux commandant une ou plusieurs subdivisions de région, avant ou après la mobilisation, prennent possession de leur commandement ou entrent pour la première fois dans une place qui en dépend, si cette place n'est pas la résidence du commandant du corps d'armée ou du général de division commandant le groupe de subdivisions de région, le major de la garnison les reçoit à leur arrivée. Les troupes sont formées sur leur passage et rendent les honneurs prescrits à l'article 262. Leur garde d'honneur est de vingt hommes commandés par un lieutenant ou un sous-lieutenant ; elle fournit une sentinelle. Ils ont droit en tout temps à une sentinelle.

Dans les places de guerre qui sont en même temps ports militaires, les contre-amiraux majors généraux de la marine reçoivent les mêmes honneurs.

ART. 297. *Escortes d'honneur.* — Une escorte d'honneur composée d'un peloton de troupes à cheval, commandé par un lieutenant ou sous-lieutenant, va, sur leur demande, au-devant des généraux de brigade et des contre-amiraux majors généraux de la marine le jour de leur prise de possession ou de leur première entrée.

ART. 303. *Salves d'artillerie.* — Pour les généraux de brigade commandant des subdivisions territoriales et les contre-amiraux majors généraux de la marine lors de leur prise de possession ou de leur première entrée dans une place de leur commandement, il est tiré 7 coups de canon.

ART. 306. *Mot d'ordre.* — Lorsqu'ils séjournent temporairement à titre officiel dans une place ou une ville de garnison, le mot leur est porté par un sous-officier.

ART. 253. *Visites de corps.* — Ils ont droit à des visites de corps.

CHAPITRE II.

HONNEURS CIVILS.

(Décret du 28 décembre 1875, art. 10.)

Les généraux de brigade investis du commandement de subdivisions de région, les généraux de brigade appelés au commandement des subdivisions de région après le départ du corps d'armée mobilisé, reçoivent la visite des personnes nommées après eux dans l'ordre des préséances et visitent les personnes placées avant eux dans les vingt-quatre heures de leur arrivée. Les visites sont rendues dans les vingt-quatre heures suivantes.

Les contre-amiraux majors généraux de la marine reçoivent, au chef-lieu de l'arrondissement maritime, les mêmes honneurs civils que les généraux de brigade investis du commandement territorial des subdivisions de région. (Même décret, art. 11.)

TITRE XVIII.

HONNEURS A RENDRE AUX GÉNÉRAUX COMMANDANT UNE BRIGADE ACTIVE.

Honneurs militaires. (Décret du 4 octobre 1891, article 267.) — Lorsque les généraux de brigade commandant une brigade active visitent pour la première fois les troupes sous leurs ordres, celles-ci sont formées sur leur passage et rendent les honneurs. Leur garde d'honneur est de vingt hommes commandés par un lieutenant ou un sous-lieutenant ; elle fournit une sentinelle. Ils ont droit en tout temps à une sentinelle.

Une escorte d'honneur va, sur leur demande, au-devant d'eux. Elle se compose d'un peloton de troupes à cheval commandé par un lieutenant ou sous-lieutenant. (Art. 297.)

Ils ont droit à des visites de corps. (Art. 253.)

TITRE XIX.

HONNEURS A RENDRE AUX GÉNÉRAUX DE BRIGADE ET CONTRE-AMIRAUX, INSPECTEURS GÉNÉRAUX OU EMPLOYÉS.

(Décret du 4 octobre 1891, art. 267.)

Pour les généraux de brigade et contre-amiraux inspecteurs généraux ou employés, les troupes de la garnison ne prennent pas les armes. Leur garde d'honneur est de vingt hommes commandés

par un lieutenant ou un sous-lieutenant ; elle fournit une sentinelle. Ils ont droit en tout temps à une sentinelle.

S'ils en font la demande, les généraux de brigade et contre-amiraux inspecteurs généraux sont escortés, la première et la dernière fois qu'ils voient les troupes, par un peloton de troupes à
cheval commandé par un lieutenant ou sous-lieutenant. (Art. 297.)

Le mot d'ordre leur est porté par un sous-officier, lorsqu'ils
séjournent temporairement à titre officiel dans une place ou ville
de garnison autre que Paris. (Art. 306.)

Ils ont droit à des visites de corps.

Les visites individuelles sont échangées ainsi qu'il est indiqué
page 86.

TITRE XX.

**Officier général le plus ancien dans le grade le plus élevé en
résidence dans une ville avec un ou plusieurs autres officiers
généraux dont aucun n'est investi du commandement territorial.**

(Décret du 28 décembre 1875.)

Lorsque des troupes tiennent garnison dans une ville où résident un ou plusieurs officiers généraux dont aucun n'est investi
du commandement territorial, celui de ces officiers généraux
qui est le plus ancien dans le grade le plus élevé y prend rang et
séance avec le rang attribué à l'officier général de son grade
investi du commandement territorial de subdivision de région.
(Art. 4.)

L'officier placé dans ces conditions reçoit la visite des personnes
nommées après lui dans l'ordre des préséances et visite les personnes placées avant lui ; les visites sont faites et rendues dans
les conditions indiquées titre XVII, chapitre II.

Il a droit à des visites de corps.

**Avis du conseil d'Etat au sujet de l'interprétation à donner
à l'article 4 du décret du 28 décembre 1875.**

(Circ. du 17 avril 1877. — Corresp. générale.)

Mon cher Général, quelques divergences d'opinion se sont produites dans l'interprétation qu'il y a eu lieu de donner à l'article 4
du décret du 28 décembre 1875, en ce qui concerne le rang de préséance à attribuer, dans les cérémonies publiques et réunions officielles, aux officiers généraux non pourvus d'un commandement
territorial, mais exerçant un commandement de troupes dans une

localité résidence d'un ou de plusieurs titulaires de commande:
ment territorial momentanément absents de leur poste.

· Le conseil d'Etat (section des finances, de la guerre, de la marine et des colonies), consulté sur cette question, a, dans sa séance du 13 mars 1877, émis à ce sujet l'avis suivant :

« Dans les villes de garnison où résident un ou plusieurs officiers généraux investis d'un commandement territorial, les officiers généraux placés à la tête des troupes, mais non pourvus en même temps d'un commandement territorial, ne peuvent, en l'absence d'un ou des titulaires du commandement territorial, prendre rang et séance avec le rang attribué à ceux-ci qu'à la condition d'avoir été préalablement investis du commandement territorial par une décision du Ministre de la guerre, notifiée conformément aux dispositions de l'article 3 du décret du 28 décembre 1875. »

Je vous prie de donner à qui de droit les ordres nécessaires pour assurer l'exécution de ces dispositions.

Recevez, etc.

Le Ministre de la guerre,
Signé : Général BERTHAUT.

TITRE XXI.

a) **Contrôleurs généraux de 1re et de 2e classe, intendants généraux, intendants militaires, médecin inspecteur général, inspecteurs généraux du génie maritime, inspecteur général du service de santé (armée de mer), inspecteurs du service de santé (armée de terre).**

(Décret du 4 octobre 1891.)

Ces hauts fonctionnaires ont droit à des visites de corps. (Art. 253.)

Ils ont droit à une sentinelle pendant la durée de leur inspection ou mission.

Lorsqu'ils séjournent temporairement à titre officiel dans une place ou une ville de garnison autre que Paris, le mot d'ordre est porté par un sous-officier : aux intendants généraux, aux intendants militaires, au médecin inspecteur général de santé et aux inspecteurs du service de santé de l'armée.

Toutes les fois qu'un contrôleur général ou un intendant arrive sur le terrain pour passer la revue d'effectif ou de détail d'un corps de troupe, le chef de corps se place à la droite du grand état-major, mais à deux pas en avant ; il a le sabre à la main et salue avec cette arme.

Les contrôleurs généraux doivent échanger les visites prescrites par l'article 307 du décret du 4 octobre 1891, voir page 104. (Note minist. du 9 avril 1885.)

b) Commissaires généraux de la marine.

Les commissaires généraux de la marine ont droit à une sentinelle pendant la durée de leur inspection ou mission.

TITRE XXII.

HONNEURS A RENDRE AUX COMMANDANTS D'ARMES D'UN GRADE
INFÉRIEUR A CELUI DE GÉNÉRAL ET AUX CHEFS D'ÉTAT-MAJOR
DES ARRONDISSEMENTS MARITIMES QUI NE SONT PAS CONTRE-
AMIRAUX.

CHAPITRE Ier.

HONNEURS MILITAIRES.

(Décrets des 28 décembre 1875, art. 12, et 4 octobre 1891.)

Les chefs d'état-major des arrondissements maritimes qui ne
sont pas contre-amiraux et les commandants d'armes ont droit à
des visites de corps. (Art. 253 du décret du 4 octobre 1891.)

HONNEURS CIVILS.

(Décrets des 24 messidor an XII et 28 décembre 1875.)

Les commandants d'armes, à leur arrivée dans la ville où ils
commandent, font la première visite aux autorités supérieures,
et reçoivent celles des autorités inférieures.

Toutes ces visites sont faites dans les vingt-quatre heures, et
rendues dans les vingt-quatre heures suivantes. (Décret du 24 messidor an XII, titre XVIII, section II.

Les chefs d'état-major des arrondissements maritimes qui ne
sont pas contre-amiraux reçoivent les mêmes honneurs dans le
lieu de leur commandement. [Décret du 28 décembre 1875, art. 12.)

La prise de possession du commandement par les officiers
appelés à l'exercer dans les places de guerre et les villes de garnison est toujours notifiée par le général commandant la région
territoriale au préfet, qui en informe les autorités civiles intéressées. (Décret du 4 octobre 1891, art. 164.)

TITRE XXIII.
HONNEURS A RENDRE AUX PRÉFETS.

CHAPITRE Ier.

HONNEURS MILITAIRES.
(Décret du 4 octobre 1891.)

ART. 271. *Honneurs à rendre par les troupes.* — Lorsque les préfets font leur première entrée dans le chef-lieu ou visitent pour la première fois une ville du département, les troupes formées sur leur passage portent les armes. Les officiers supérieurs ou autres et les drapeaux ou étendards ne saluent pas. Les tambours, clairons et trompettes sont prêts à battre ou à sonner. En tout temps, un poste de dix hommes commandé par un sergent est établi à l'hôtel de la préfecture. Il fournit une sentinelle.

ART. 297. *Escorte d'honneur.* — Sur leur demande, une escorte d'honneur composée de deux brigades de gendarmerie à cheval commandées par un lieutenant va au-devant d'eux le jour de leur prise de possession. (Voir, page 51, la circulaire du 4 février 1884 relative au commandement de l'escorte.)

ART. 253. *Visites de corps.* — Ils ont droit à des visites de corps.

ART. 306. *Mot d'ordre.* — S'ils en font la demande, le mot d'ordre leur est porté par un sous-officier.

CHAPITRE II.

HONNEURS CIVILS.
(Décret du 24 messidor an XII, titre XVII, section II.)

Le préfet arrivant pour la première fois dans le chef-lieu de son département est reçu à la porte de la ville par le maire et ses adjoints accompagnés du détachement de gendarmerie prévu plus haut (chapitre Ier). Cette escorte le conduit à son hôtel où il est attendu par le conseil de préfecture et le secrétaire général, qui le complimentent.

Il est visité, aussitôt après son arrivée, par les autorités nommées après lui dans l'article des préséances. Il rend ces visites dans les vingt-quatre heures. Il reçoit aussi les fonctionnaires inférieurs qui viennent le complimenter.

Il visite dans les 24 heures les autorités ou personnes placées avant lui dans l'ordre des préséances. Ces visites sont rendues dans les vingt-quatre heures suivantes.

Lors de sa première tournée dans chaque arrondissement du département, il lui est rendu les mêmes honneurs dans les chefs-lieux d'arrondissement ; il rend les visites aux présidents des tribunaux, au maire et au commandant d'armes dans les vingt-quatre heures.

TITRE XXIV.

HONNEURS A RENDRE AUX SOUS-PRÉFETS.

(Décret du 24 messidor an XII ; titre XVII, section II.)

Les sous-préfets arrivant dans le chef-lieu de leur sous-préfecture, sont attendus dans leur demeure par le maire, qui les complimente. Ils y reçoivent la visite des chefs des autorités dénommées après eux, et la rendent dans les vingt-quatre heures.

S'il existe, dans le chef-lieu de la sous-préfecture, des autorités dénommées avant eux, ils leur font une visite dans les vingt-quatre heures de leur arrivée ; ces visites leur sont rendues dans les vingt-quatre heures suivantes.

TITRE XXV.

HONNEURS A RENDRE AUX ARCHEVÊQUES ET ÉVÊQUES.

CHAPITRE Ier.

HONNEURS MILITAIRES.

(Décret du 4 octobre 1891.)

Les cardinaux, archevêques et évêques ont droit à des visites de corps. (Art. 253.)

CHAPITRE II.

HONNEURS CIVILS.

(Décret du 24 messidor an XII, titre XIX, section II.)

Il n'est rendu des honneurs civils aux cardinaux qui ne sont en France ni archevêques ni évêques qu'en vertu d'un ordre spécial, lequel détermine, pour chacun d'eux, les honneurs qui doivent lui être rendus.

Les archevêques ou évêques qui sont cardinaux reçoivent, lors de leur installation, les honneurs rendus aux maréchaux et amiraux (titre X); ceux qui no le sont point reçoivent les honneurs suivants :

Les maires et adjoints se trouvent à leur logis avant leur arrivée.

Ils sont visités, immédiatement après leur arrivée, par toutes les autorités nommées après eux dans le titre : *Des préséances.*

Les cours d'appel s'y rendent par une députation composée d'un président, du procureur général et de quatre juges; les autres cours et tribunaux, par une députation composée de la moitié de la cour ou du tribunal.

S'il se trouve dans la ville des personnes ou autorités nommées avant eux dans l'ordre des préséances, ils vont leur faire visite dès qu'ils ont reçu celles qui leur sont dues. Ces visites sont rendues dans les vingt-quatre heures.

Lorsqu'ils rentrent après une absence d'un an et un jour, ils sont visités chacun par les autorités inférieures, auxquelles ils rendent la visite dans les vingt-quatre heures suivantes; eux-mêmes visitent les autorités supérieures dans les vingt-quatre heures de leur arrivée, et leur visite leur est rendue dans les vingt-quatre heures suivantes.

TITRE XXVI.

a) Honneurs à rendre au premier président de la Cour de cassation.

(Décret du 24 messidor an XII, titre XX, section II.)

Lorsque le premier président de la Cour de cassation est installé, toutes les cours et tous les tribunaux de la ville où réside ladite Cour de cassation vont le complimenter : la cour d'appel, par une députation du premier président, du procureur général et de quatre juges; les autres cours et tribunaux, par une députation composée de la moitié de chaque cour ou tribunal.

Il reçoit aussi les félicitations du préfet conseiller d'Etat et de tous les fonctionnaires dénommés après ce préfet.

Il rend les visites dans les vingt-quatre heures; et il fait dans le même laps de temps des visites à toutes les personnes dénommées avant le préfet conseiller d'Etat.

b) Honneurs à rendre aux premiers présidents des autres cours et tribunaux.

Les premiers présidents des autres cours et tribunaux reçoivent, lors de leur installation, les visites des autorités dénommées après eux et résidant dans la même ville; ces visites sont faites dans les vingt-quatre heures de leur installation et rendues dans les vingt-quatre heures suivantes. Lesdits présidents vont, dans les premières vingt-quatre heures de leur installation, visiter les autorités supérieures en la personne de leurs chefs; ceux-ci leur rendent leurs visites dans les vingt-quatre heures suivantes.

c) Honneurs militaires à rendre aux présidents des Cours d'assises.

(Décret du 4 octobre 1891).

Art. 297. *Escorte d'honneur.* — Sur leur demande, une escorte d'honneur va au-devant d'eux le jour de leur entrée. Elle se compose d'une brigade de gendarmerie.

Art. 253. *Visites de corps.* — Ils ont droit à des visites de corps. Toutefois, ces visites ne comprennent qu'un officier supérieur et un officier de chaque grade par corps, et un fonctionnaire ou employé de chaque service; mais tous les officiers de gendarmerie doivent y prendre part.

Art. 272. *Sentinelle d'honneur.* — Les présidents de cour d'assises ont droit à une sentinelle pendant toute la durée de la session.

Art. 306. *Mot d'ordre.* — S'ils en font la demande, le mot d'ordre leur est porté par un sous-officier.

PIQUETS MILITAIRES A FOURNIR AUX COURS D'ASSISES.

(Dép. minist. du 1er juillet 1886. — Cabinet ; Correspondance générale.)

Le Ministre de la guerre à Messieurs les Gouverneurs militaires de Paris et de Lyon, les Généraux commandant les corps d'armée.

Mon cher Général, la réquisition, par les présidents d'assises, de piquets militaires destinés à concourir, avec la gendarmerie, au maintien de l'ordre tant à l'intérieur qu'à l'extérieur des salles d'audience durant la session des assises, a donné lieu, parfois, à des difficultés d'exécution qu'il convient d'éviter.

J'ai, en conséquence, l'honneur de vous rappeler que l'autorité militaire locale, lorsqu'elle en est requise par le président des assises, doit toujours. A moins d'impossibilité absolue, dont elle fera connaître les motifs à ce président, fournir, à titre de force supplétive de la gendarmerie, un piquet d'hommes de la garnison pour assurer le maintien de l'ordre, tant à l'intérieur qu'à l'extérieur de la salle d'audience.

Une décision du 26 février 1861, dont extrait suit, stipule à ce sujet que : « On ne peut contester aux présidents des cours d'assises le droit d'avoir un poste de ligne auxiliaire de la gendarmerie, pour la police de l'audience.

« Dans l'enceinte du tribunal, la troupe agit d'après les instructions du président, qui, aux termes de l'article 267 du Code d'instruction criminelle, a la police de l'audience.

« A l'extérieur, la troupe reste sous les ordres de la place. Seulement elle reçoit, par l'intermédiaire de son chef direct, les consignes spéciales qui sont transmises à celui-ci par l'ordre du président. »

Je vous prie de donner, en ce qui vous concerne, les instructions nécessaires pour assurer l'exécution de cette disposition.

Conformément au principe posé dans le règlement sur le service dans les places de guerre et villes de garnison, la troupe ne pourra être déplacée, pour le service des assises, qu'en cas de nécessité absolue et sur l'autorisation préalable du Ministre de la guerre, demandée par l'autorité militaire compétente.

Signé : Général Boulanger.

Les dispositions qui font l'objet de la dépêche qui précède sont confirmées par l'article 167 du décret du 4 octobre 1891.

TITRE XXVII.

VISITES.

---

a) Ordre suivant lequel les autorités doivent être introduites pour les visites officielles.

(Dép. minist. du 15 octobre 1891. — Cabinet; Correspondance générale.)

Mon cher Général, par lettre du 18 septembre dernier, vous m'avez soumis les deux questions suivantes :

1° Les fonctionnaires et corps ayant rang dans les cérémonies publiques et les cérémonies officielles doivent-ils être introduits, pour les visites officielles, d'après l'ordre des préséances ou d'après celui de leur arrivée ?

2° Dans quel ordre seront introduits les autres fonctionnaires ou corps non constitués, et généralement quelle place leur sera assignée dans les cérémonies publiques ou officielles où leur présence aura été autorisée ?

En principe, les fonctionnaires ou corps ayant rang dans les cérémonies publiques doivent toujours, lorsqu'ils se trouvent réunis, marcher dans l'ordre des préséances, tel qu'il est déterminé par les décrets du 24 messidor an XII, du 28 décembre 1875 et du 4 octobre 1831. Les convocations ou invitations doivent être faites en conséquence.

Si, cependant, lors d'une réception officielle, il y avait impossibilité pour des autorités ayant rang individuel ou des corps constitués d'être présents au moment où leur rang de préséance les appellerait à être introduits, il pourrait être passé outre; mais ils devraient, à leur arrivée, être présentés avant les autorités ou corps, marchant après eux dans l'ordre des préséances, qui, se trouvant réunis, n'auraient pas encore été introduits.

Quant aux autres fonctionnaires et corps non constitués et aux députations diverses, aucun règlement n'a déterminé leur ordre de présentation ou de placement dans les réceptions ou cérémonies. Cet ordre ne peut, en effet, être fixé d'une manière précise, en raison du nombre et de la diversité des corps, administrations, sociétés, etc., qui existent ou sont représentés dans les villes. Les autorités locales, militaires, administratives, judiciaires, doivent, lorsqu'il y a lieu, se concerter pour arrêter des dispositions à ce sujet, suivant les circonstances.

Signé : A. Mercier.

---

h) Visites de corps.

(Décret du 4 octobre 1891, art. 253 et suivants.)

Art. 253. Les corps d'officiers de troupes des armées de terre et de mer, les officiers sans troupe, fonctionnaires et employés de la guerre et de la marine, ayant rang d'officiers, présents dans la localité, doivent des visites de corps :

Aux ministres.
Aux maréchaux de France et amiraux.
Aux généraux de division et vice-amiraux.
Aux contrôleurs généraux de 1re classe.
Aux intendants généraux inspecteurs.
Au médecin inspecteur général.
Aux généraux de brigade et contre-amiraux.
Aux contrôleurs généraux de 2e classe.
Aux intendants militaires.
Aux chefs d'état-major des arrondissements maritimes, qui ne sont pas contre-amiraux.
A l'inspecteur général du génie maritime.
A l'inspecteur général du service de santé (armée de mer).
Aux inspecteurs du service de santé (armée de terre).
Aux commandants d'armes.
Aux cardinaux, archevêques et évêques.

Aux conseillers d'Etat en mission extraordinaire.
Aux premiers présidents de cours d'appel.
Aux préfets.
Au président de la cour d'assises.

Toutefois, les visites de corps à ce dernier magistrat ne comprennent qu'un officier supérieur et un officier de chaque grade par corps, et un fonctionnaire ou employé de chaque service; mais tous les officiers de gendarmerie doivent y prendre part.

Art. 254. *Disposition spéciale.* — Les corps d'officiers, les officiers sans troupe, fonctionnaires et employés de l'armée de terre, en ce qui concerne leurs obligations à l'égard des autorités maritimes, ne font de visites de corps qu'aux officiers généraux.

Réciproquement, les corps d'officiers, les officiers sans troupe, fonctionnaires et employés de l'armée de mer, en ce qui concerne leurs obligations à l'égard des autorités militaires, ne doivent des visites de corps qu'aux officiers généraux.

Art. 255. *Chefs de corps ou chefs de service, officiers ou fonctionnaires en mission.* — Les officiers, fonctionnaires et employés de la guerre et de la marine doivent des visites de corps aux officiers et fonctionnaires chefs de corps ou chefs de service, sous les ordres desquels ils sont directement placés ou qui ont une mission des ministres de la guerre ou de la marine près du service dont ils dépendent (1).

Art. 256. *Tenue pour les visites.* — Les visites de corps sont faites en grande tenue de service. Elles ont lieu dans les quatre jours qui suivent l'arrivée dans la place des personnes à qui elles sont dues, sur l'avis que ces personnes ont préalablement adressé à celle des autorités militaires ou maritimes qui a qualité pour donner les ordres nécessaires.

Arrivée ou départ d'un corps de troupe. — Le lendemain de l'arrivée et la veille du départ d'un corps de troupe, des visites sont également faites par le corps d'officiers dans les formes et aux heures indiquées par l'autorité militaire ou maritime. Par exception, ces visites se font en tenue de route.

Art. 257. *Corps de passage dans une place.* — Lorsqu'un corps ou un détachement de passage dans une place n'y doit pas faire séjour, son chef se présente seul, et en tenue de route, chez le commandant d'armes, à moins que ce dernier ne soit d'un grade ou d'un rang inférieur au sien; dans ce cas, il se fait remplacer par un officier du grade immédiatement inférieur à celui du com-

---

(1) Le colonel a droit à une visite du corps d'officiers en grande tenue de service lorsqu'il vient prendre le commandement de son régiment. Il en fixe l'heure; il est en grande tenue de service. (Décret du 20 octobre 1892, sur le service intérieur des troupes.)

mandant d'armes. Lorsque le corps ou détachement ne fait que traverser la ville, cette visite n'est pas obligatoire.

ART. 258. *Officiers dispensés des visites.* — Les officiers d'un grade ou d'un rang supérieur à celui de la personne à qui la visite est due sont dispensés personnellement d'y prendre part.

S'il s'agit d'un officier général, les officiers de son état-major en sont également dispensés.

ART. 259. *Envoi des listes d'adresses.* — Le sous-chef d'état-major de l'arrondissement maritime ou le major de la garnison, aussitôt après l'arrivée d'un corps, envoie au chef de ce corps la liste et l'adresse des autorités qui ont droit aux visites.

ART. 260. *Ordre des visites de corps.* — Les dispositions auxquelles les corps d'officiers, fonctionnaires et employés de la guerre et de la marine doivent se conformer pour se réunir en vue des visites de corps qu'ils ont à rendre, sont toujours prescrites à l'avance par l'autorité militaire ou maritime compétente. Ces visites se font dans l'ordre suivant :

ARMÉE DE TERRE.

Le commandant d'armes avec son état-major.
Le corps du contrôle.
Le personnel des écoles militaires.
L'état-major particulier de l'artillerie.
L'état-major particulier du génie.
L'intendance militaire.
Les ingénieurs des poudres et salpêtres.
Le corps de santé militaire.
Les aumôniers.
Le personnel de la justice militaire.
Les officiers de gendarmerie.
Le personnel du recrutement.
Le personnel de la remonte.
Les vétérinaires.
Les archivistes(1).
Les gardes d'artillerie.
Les adjoints du génie.
Les officiers d'administration.
Les interprètes.
Le personnel du service des chemins de fer.
Le personnel du service télégraphique.
Le personnel du service de la trésorerie et des postes.
} ayant rang d'officier.

Les officiers des corps de troupe présentés par leurs officiers généraux. Ceux-ci sont accompagnés des officiers de leurs états-majors.

---

(1) Dans les visites de corps, les archivistes marchent avec l'état-major auquel ils sont attachés, après les officiers. (Décret du 1er mai 1831, art. 5.)

Les officiers de marine.
Les officiers mécaniciens.
Les officiers de l'état-major particulier de l'artillerie.
Les officiers de la gendarmerie maritime.
Les officiers du génie maritime.
Les officiers du génie hydrographique.
Les officiers du commissariat de la marine.
Les officiers de l'inspection des services administratifs.
Les officiers du service de santé.
Les aumôniers.
Le personnel de la justice maritime.
Les agents du personnel administratif, des directions de travaux, agents comptables des matières et manutentionnaires des subsistances, par catégorie, d'après l'ordre de l'annuaire de la marine.
Les examinateurs et professeurs de l'École navale et des écoles d'hydrographie.
Les trésoriers des invalides de la marine.
Les gardes d'artillerie.
Les ingénieurs des travaux hydrauliques.
Les officiers des corps de troupe.

Dans chacune de ces catégories, les officiers, fonctionnaires et employés sont placés entre eux suivant leur grade ou rang.

Les officiers des corps de troupe marchent dans l'ordre fixé par le rang de bataille des troupes entre elles.

Les employés du service des chemins de fer, du service télégraphique et du service de la trésorerie et des postes ne peuvent être convoqués que lorsque leur service fonctionne militairement dans la place.

c) **Visites individuelles.**

Art. 307. Dans les armées de terre et de mer, les officiers généraux et hauts fonctionnaires des divers services se doivent réciproquement des visites.

Elles ont lieu lorsqu'ils prennent possession de leurs commandements ou lorsqu'ils arrivent sur les lieux étant en mission.

La première visite est faite par l'inférieur en grade et, à égalité de grade ou de rang, par l'arrivant.

Ces dispositions sont applicables aux contrôleurs généraux de l'armée. (Note du 9 avril 1885, J. M., p. 538.)

Les vice-amiraux commandant en chef, préfets maritimes, reçoivent la première visite dans les ports militaires chefs-lieux d'arrondissement maritime, mais les généraux de division commandants de corps d'armée la reçoivent dans toute autre place ou ville de leur région.

Les vice-amiraux commandant en chef à la mer, arrivant dans un port autre qu'un port militaire chef-lieu d'un arrondissement

maritime où se trouve le commandant de corps d'armée, doivent à
celui-ci la première visite. Inversement, ils la reçoivent de tout
autre général de division présent dans le port, quand le commandant du corps d'armée ne s'y trouve pas.

Les visites sont rendues dans les vingt-quatre heures.

Art. 308. *A quelles autorités les visites sont dues.* — Tout officier,
fonctionnaire ou employé ayant rang d'officier, venant prendre
possession d'un emploi dans une place ou dans un port, doit, à
son arrivée, faire une visite aux officiers sous les ordres directs
desquels il est placé.

Dans les mêmes circonstances, les officiers généraux ou supérieurs et les fonctionnaires assimilés des armées de terre et de
mer doivent faire une visite aux maréchaux et amiraux, aux officiers généraux des armées de terre et de mer et au commandant
d'armes.

Les officiers, fonctionnaires ou employés en mission ne doivent
de visite qu'au commandant d'armes et aux chefs des services que
leur mission concerne.

Les capitaines d'artillerie de la marine, sous-inspecteurs détachés dans les usines de l'intérieur pour la surveillance des travaux
confiés à l'industrie doivent faire une visite au commandant d'armes s'ils sont en service dans une ville de garnison et, dans le cas
contraire, au général commandant la subdivision de région. (Note
minist. du 28 janvier 1891, *B. O.*, p. 65.)

Les capitaines de vaisseau, inspecteurs des officiers de réserve
de l'armée navale, se présentent dans leurs visites aux commandants d'armes, en tenue de service, comprenant le port du sabre
et des épaulettes, avec la redingote et la casquette. (Note minist.
du 10 février 1891, *B. O.*, p. 124.)

Inspecteurs généraux. (Instruction sur les inspections générales. Dispositions communes à toutes les armes). — Les inspecteurs généraux font, dans les places de leur arrondissement d'inspection, les visites prescrites ci-dessus. (Art. 308.)

Lorsqu'ils sont appelés aux cérémonies publiques, s'ils n'ont
pas d'ailleurs un rang individuel en raison de leurs fonctions ordinaires, ils se joignent au groupe d'état-major du commandement le plus élevé.

Hors de leur résidence habituelle les inspecteurs généraux doivent informer le préfet de leur arrivée dans chaque chef-lieu de
département; ils reçoivent la visite de ce fonctionnaire, s'ils sont
généraux de division ou d'un grade correspondant; ils la lui font
s'ils sont généraux de brigade ou assimilés.

Ces visites sont obligatoires. Elles sont facultatives, en cas
d'absence du préfet, pour le fonctionnaire (secrétaire général ou
conseiller de préfecture) qui le remplace, ce fonctionnaire n'ayant
pas rang individuel.

En ce qui concerne spécialement la gendarmerie, l'instruction annuelle pour l'inspection générale contient, en outre, les dispositions suivantes :

Cependant, lorsque le préfet est absent de sa résidence officielle au moment de l'arrivée de l'inspecteur général, le fonctionnaire qui le supplée est tenu de faire une visite à cet officier général. Cette visite doit être rendue par l'inspecteur.

Les sous-préfets se présentent à l'inspecteur lorsque cet officier général leur a fait connaître son arrivée dans leur résidence, à l'occasion de sa tournée d'inspection. Ces visites leur sont exactement rendues par l'inspecteur.

Enfin, dans l'intérêt du service public, les chefs de parquet et, en cas d'absence de ceux-ci, leurs substituts, font, dans les mêmes conditions, à l'inspecteur, une visite que ce dernier est tenu de leur rendre.

A égalité de grade, l'inspecteur général, soit à titre d'arrivant, soit comme inférieur dans l'ordre des préséances, doit la première visite au commandant territorial. (Circ. du 7 juin 1853, *J. M.* tome V. p. 589).

Si la division est commandée provisoirement, ou par intérim, par un général de brigade, celui-ci doit la première visite au général de division inspecteur.

Officiers promus. (Service intérieur : Infanterie, art. 224 ; Cavalerie, art. 229 ; Artillerie, art. 239). — Le jour où ils sont reçus dans leur grade, les officiers supérieurs et les capitaines reçoivent la visite des officiers qui sont sous leurs ordres immédiats ; l'officier le plus élevé en grade ou le plus ancien dans le grade le plus élevé fait la présentation. Ces visites sont faites et reçues en grande tenue de service.

Les officiers arrivant au régiment, ou promus à un grade supérieur dans le régiment, se présentent au colonel en grande tenue de service, le jour où ils sont reconnus ; ils font, dans la même tenue, une visite aux officiers sous les ordres directs desquels ils sont placés.

Dans les mêmes circonstances, les officiers supérieurs doivent faire une visite aux officiers généraux des armées de terre et de mer et aux commandants d'armes.

Officiers quittant le corps. — Les officiers qui quittent le régiment doivent faire les mêmes visites avant leur départ, mais ils sont en tenue du jour.

Officiers rentrant de position d'absence. — Les officiers rentrant de position d'absence se présentent en tenue du jour au colonel et à leur chef immédiat, lorsque leur absence a duré plus de huit jours.

Dispositions spéciales aux officiers de gendarmerie (Décret du 10 juillet 1889, sur le service intérieur de la gendarmerie). Le chef de légion et le commandant de compagnie ont droit à une visite de corps des officiers de gendarmerie de leur résidence, en grande tenue de service, lors de leur prise de commandement; ils en fixent l'heure; ils sont en grande tenue de service.

Tout officier, en prenant possession de son emploi, doit une visite, en grande tenue, à ses supérieurs hiérarchiques employés dans la même résidence.

Dans la même circonstance, les officiers supérieurs dans les chefs-lieux de légion ou de compagnie, et les officiers subalternes dans les autres résidences, doivent faire une visite aux officiers généraux des armées de terre et de mer et au commandant d'armes.

Les officiers qui quittent une résidence doivent faire les mêmes visites avant leur départ, mais ils sont en tenue du jour.

Les officiers des chefs-lieux de légion et de compagnie rentrant de position d'absence se présentent, en tenue du jour, à leurs chefs dans la résidence, lorsque leur absence a duré plus de huit jours.

Formalités à observer à l'occasion des visites échangées entre les officiers généraux des armées de terre et de mer. (Dép. minist. du 5 juin 1886; Cabinet.) — I. Lorsque des visites doivent être échangées entre officiers généraux des armées de terre et de mer, un officier de l'état-major général ou particulier de l'officier général de l'armée de terre se rend au quai, au-devant de l'officier général de l'armée de mer pour le recevoir et le conduire au logis de l'officier général de l'armée.

Réciproquement, l'embarcation mise à la disposition de l'officier général de l'armée de terre pour le conduire à bord est commandée par un aide-de-camp ou un officier d'ordonnance.

II. Les contre-amiraux, commandants à la mer, les capitaines de vaisseau chefs de division, et les commandants de bâtiments arrivant dans un port de l'Algérie ou d'un pays protégé, où se trouve un officier de l'armée de terre commandant d'armes et mouillant à moins d'un mille et demi du quai d'embarquement, échangent des visites individuelles avec cet officier dans les conditions suivantes :

L'officier de marine doit la première visite à l'officier de l'armée, si le premier est l'égal ou l'inférieur de grade du second.

Si l'officier de marine est le supérieur de grade, il envoie un officier au commandant d'armes pour l'informer de son arrivée et convenir du jour et de l'heure de la visite à faire à l'arrivant.

Dans les deux cas, les premières visites faites sont rendues dans les vingt-quatre-heures.

Lorsque la force navale arrivant dans un port d'Algérie ou d'un pays protégé se compose de plus d'un bâtiment, il n'y a de visites individuelles échangées qu'entre le commandant d'armes et le commandant en chef ou supérieur de la force navale.

Visites aux commandants d'armes par les officiers en mission.

(Décret du 7 mars 1895.) — Les officiers généraux qui arrivent dans une place ou dans une ville ouverte pour y séjourner en vertu d'une mission, d'un congé ou d'une permission, en donnent avis au commandant d'armes, en indiquant la durée de leur séjour et leur adresse.

Les contrôleurs généraux, les intendants généraux, les intendants militaires, les inspecteurs du service de santé se conforment à la même règle.

Les officiers supérieurs et autres, les contrôleurs, les sous-intendants militaires et adjoints, les officiers du corps de santé militaire, les officiers d'administration, les employés et agents du département de la guerre ayant rang d'officier se conforment également à la même règle lorsqu'ils sont en congé ou en permission. S'ils sont en mission, ils se présentent chez le commandant d'armes à leur arrivée, et l'informent de la durée probable de leur séjour. S'ils sont d'un grade ou d'un rang supérieur au sien, ils l'informent par écrit.

Les visites se font en tenue du jour, à moins d'ordres contraires.

Les militaires, employés ou agents qui n'ont pas rang d'officier doivent toujours présenter eux-mêmes au bureau de la place les titres dont ils sont porteurs.

Inscription spéciale est faite au bureau de la place, sur un registre particulier, de tous les renseignements concernant les militaires, quel que soit leur grade, en mission, en congé ou en permission.

Les militaires, agents ou assimilés, qui n'ont pas rang d'officier et qui se rendent en permission dans une localité du département de la Seine autre que Paris, sont, en outre, tenus de se présenter au général commandant la place de Paris, lorsque leur permission est d'une durée égale ou supérieure à huit jours. Pour ceux qui sont porteurs d'une permission de moins de huit jours, les autorités militaires chargées du visa sont tenues d'adresser, sans délai, au général commandant la place de Paris, un bulletin indiquant le nom du permissionnaire, la durée de sa permission et son adresse.

Toutes ces dispositions sont applicables aux corps de troupe de la marine.

Elles sont applicables aux officiers généraux, supérieurs et autres, aux fonctionnaires et employés ou agents des autres corps de la marine, ainsi qu'aux marins de tous grades, excepté à Paris et dans les places qui sont ports militaires.

Toutefois, les officiers mariniers, quartiers-maîtres et marins du corps des équipages de la flotte, les marins vétérans, les pompiers et les gardes-consignes de la marine qui se trouvent dans le département de la Seine, y compris Paris, se présentent au ministère de la marine (Bureau des Equipages de la flotte), lorsque la durée de la permission dépasse quatre jours; ils ne se présentent dans aucun cas au général commandant la place de Paris.

Les militaires ou marins isolés rentrant dans leurs foyers, comme passant dans la disponibilité ou la réserve, ne doivent se présenter à leur arrivée qu'à la gendarmerie de leur résidence.

Visites à faire par les capitaines inspecteurs d'armes. (Règlement du 30 août 1884, art. 280.) — Avant de commencer ses opérations dans une ville, le capitaine inspecteur d'armes doit se présenter, en tenue du jour, au commandant d'armes, aux généraux de division et généraux de brigade commandant le territoire ou les troupes dont il a à visiter l'armement et aux intendants militaires.

Il doit également se présenter, en tenue du jour, aux chefs des corps dont il a à visiter l'armement, ainsi qu'aux officiers généraux ou supérieurs commandant l'artillerie et le génie de la place.

En cas de visite d'armes de douaniers ou de forestiers, le capitaine d'artillerie doit également se présenter aux directeurs et inspecteurs des douanes, aux conservateurs et inspecteurs des forêts.

Suppression des visites à faire aux membres de la commission supérieure de classement par les colonels et assimilés proposés pour l'avancement. (Instruction anuelle sur les inspections générales. Dispositions communes à toutes les armes du 1ᵉʳ mars 1895.)

Les visites aux membres de la commission supérieure de classement prescrites par l'instruction du 1ᵉʳ mars 1894 (art. 87) sont supprimées.

Les membres des diverses commissions de classement sont invités à refuser la visite de tout candidat.

d) Visites du jour de l'an.

(Circ. minist. du 19 décembre 1871.)

Général, les occasions qu'ont les chefs de voir de près leurs subordonnés ne sont pas assez fréquentes dans la vie militaire pour qu'on ne profite pas de toutes celles qu'offrent les visites officielles, si sagement établies par les règlements, au point de vue des relations de convenance et de confraternité qui doivent exister entre les diverses autorités.

Je désire donc qu'à l'occasion du jour de l'an, l'autorité militaire convoque, dans les villes où elle est la première autorité locale, toutes les autorités à la visite desquelles elle a droit en vertu des règlements, et, dans les autres localités, les officiers des divers corps et services militaires.

Les visites seront faites en corps, si le temps n'est pas trop mauvais, et, dans le cas contraire, par députations seulement. ...

Je vous invite en outre à veiller à ce que, dans la circonscription de votre commandement, toutes les visites qui sont dues par les corps d'officiers, les officiers sans troupes, et les fonctionnaires et employés militaires, à leur arrivée, à leur passage dans les places, ou lors de leur départ, soient à l'avenir très exactement faites et rendues s'il y a lieu, conformément aux règles tracées par le décret du 13 octobre 1863.

Je vous prie de m'accuser réception de la présente lettre.

Recevez, Général, l'assurance de ma considération la plus distinguée.

Le Ministre de la guerre,

Signé : Gal E. DE CISSEY.

(Circ. télégr. du 30 décembre 1882).

A l'occasion du jour de l'an, l'officier général le plus élevé en grade ou le plus ancien dans chaque garnison recevra les visites de corps de tous les officiers de la garnison.

Les autorités civiles et les fonctionnaires étrangers à l'armée n'étant pas tenus de faire des visites de corps aux autorités militaires, celles-ci, par réciprocité, ne doivent pas de visites de corps aux autorités civiles.

Toutefois, dans le but d'entretenir entre les diverses autorités de la République, les bons rapports et les égards qui font leur force et leur prestige aux yeux des populations, le gouvernement a décidé que dans chaque garnison les autorités militaires et civiles se concerteraient à l'avance et que des visites seraient faites à celles de ces autorités qui, usant de réciprocité, prescriraient aux corps constitués sous leurs ordres de faire des visites de corps à l'autorité militaire.

Au sujet de la tenue des magistrats et des représentants de l'autorité militaire dans les visites officielles qu'ils ont à échanger.

Versailles, le 30 juin 1876.

Mon cher Général, quelques doutes se sont produits récemment au sujet de l'exécution des prescriptions concertées en 1864 (circulaire du 24 mai de ladite année) entre le département de la Justice et celui de la Guerre, relativement au costume que doivent porter les magistrats dans les visites officielles échangées entre eux et les représentants de l'autorité militaire.

J'ai l'honneur de vous informer qu'à cette occasion les dispositions suivantes ont été arrêtées de concert entre M. le Garde des sceaux et moi.

Les magistrats recevront en robe les visites officielles qui leur seront faites, mais ils pourront se rendre en habit noir et cravate blanche aux visites officielles qu'ils devront faire ou rendre, hors de chez eux, aux représentants de l'autorité militaire.

Il est entendu, d'ailleurs, que, par une juste réciprocité de procédés courtois, les représentants de l'autorité militaire se présenteront *toujours en grande tenue* dans les visites officielles qu'ils feront ou rendront aux magistrats.

Je vous prie de donner à qui de droit avis de ces dispositions et je vous serai très obligé de vouloir bien, à cette occasion, appeler l'attention des officiers généraux sous vos ordres, sur la stricte obligation qui leur est imposée par le règlement sur les honneurs et préséances, de faire ou de rendre des visites officielles à MM. les présidents des assises.

Recevez, mon cher Général, l'assurance de ma haute considération.

Le Ministre de la guerre,
Signé : Gal E. DE CISSEY.

Au sujet de la tenue de MM. les préfets et sous-préfets dans les visites officielles qu'ils ont à échanger avec les représentants de l'autorité militaire.

(Circ. minist. du 8 août 1870).

Mon cher Général, j'ai été consulté sur la question de savoir dans quelle tenue MM. les préfets et sous-préfets doivent se présenter, lors des visites officielles qu'ils ont à échanger avec les représentants de l'autorité militaire, en exécution des règlements sur les honneurs et préséances.

Cette question a été réglée par une circulaire de M. le ministre de l'intérieur, en date du 8 septembre 1874, et j'ai l'honneur de vous donner ci-après copie de ce document :

Monsieur le Préfet, par une circulaire en date du 17 novembre 1871, un de mes prédécesseurs vous avait recommandé de ceindre l'écharpe, lorsque vous auriez à assister à quelque cérémonie publique ou lorsque vous auriez à recevoir ou à rendre des visites officielles.

Une circulaire plus récente, qui porte la date du 10 avril 1873, vous a rappelé les règles relatives au costume officiel des fonctionnaires de l'ordre administratif. La tenue réglementaire consiste donc aujourd'hui dans le port de l'uniforme, et c'est dans cette tenue que vous devez recevoir et rendre les visites officielles, et particulièrement celles qui sont prescrites par les règlements militaires.

Je vous prie de vous conformer rigoureusement, à l'avenir, à cette obligation, et d'adresser, dans le même sens, des instructions à MM. les sous-préfets placés sous vos ordres.

Recevez, mon cher Général, l'assurance de ma haute considération.

Le Ministre de la guerre,
Signé : Gal E. DE CISSEY.

Au sujet de la tenue des autorités militair·s dans les visites qu'elles ont à échanger avec les autorités civiles.

(Décrets du 20 octobre 1892, sur le service intérieur des troupes.)

La grande tenue est de rigueur dans toutes les cérémonies officielles, telles que visites ou réceptions chez le Président de la République, les présidents des Chambres et du conseil des ministres, les ministres de la guerre et de la marine.

Les visites de corps ou individuelles qui ont lieu à titre officiel à l'occasion du service doivent toujours être faites en grande tenue de service ; seules, les visites qui ont un caractère personnel ou de relations du monde peuvent être faites en tenue du jour ou en habit bourgeois.

Pour les visites de corps et, en général, pour toutes les cérémonies officielles, les officiers employés dans un service d'état-major portent les aiguillettes et le brassard. (Art. 73 de la description des uniformes du 12 avril 1892, modifié le 1ᵉʳ septembre suivant.)

Tenue des officiers assistant à des cérémonies particulières.

(Notes minist. des 8 juin 1881 et 20 décembre 1893.)

Pour les cérémonies particulières, comme des mariages, des obsèques, ainsi que pour les soirées et réceptions autres que celles pour lesquelles la grande tenue est ordonnée, les officiers généraux portent la tunique brodée et les épaulettes avec le képi et le ceinturon or et soie, sans ceinture.

Les officiers des autres grades, les fonctionnaires et les employés militaires assistant à des obsèques, sans être commandés de service, doivent être en tenue du jour, sauf dans les cas de convocation officielle indiquant que la grande tenue est de rigueur.

L'aigrette et le plumet ne sont portés par les officiers revêtus de la grande tenue que si l'ordre en est donné. (*Bulletin officiel guerre*, 1ᵉʳ semestre 1887, partie réglementaire, page 414.)

Au sujet des visites individuelles entre les autorités civiles et les autorités militaires.

(Lettre collect. du 13 janvier 1884.)

Mon cher Général, M. le Garde des sceaux, Ministre de la justice, vient de me faire connaître, en appelant mon attention sur cette question, que des difficultés se sont récemment produites sur quelques points du territoire, au sujet des visites individuelles à rendre par MM. les généraux commandant les subdivisions de région aux présidents des cours d'assises.

Le nouveau décret sur le service des places, du 23 octobre 1883, ne fait pas effectivement mention de cette visite, qui a été imposée aux généraux dont il s'agit par un décret de 1811, appuyé d'un avis du Conseil d'Etat du 1er juin de la même année; mais il convient de, remarquer, à ce sujet, que le titre VIII du décret du 23 octobre 1883 n'a trait *qu'aux honneurs militaires*. Ce sont donc exclusivement ces honneurs que visent tant l'article 351 (1) de ce décret relatif à l'interdiction d'exiger des honneurs particuliers, que l'article 352 (1), portant abrogation des ordonnances, décrets et règlements antérieurs.

Or, comme il n'est fait mention nulle part, dans le décret du 23 octobre 1883, *des honneurs civils*, on doit en conclure, non pas que ces honneurs ont été supprimés, mais qu'aucune modification n'a été apportée à ce sujet à la législation antérieurement en vigueur.

Par suite, les prescriptions du décret du 24 messidor an XII, en vertu desquelles les autorités, ayant rang individuel, reçoivent la visite des personnes nommées après elles dans l'ordre des préséances, doivent continuer à être appliquées.

Il résulte de ce qui précède que, d'après les dispositions toujours en vigueur du décret du 27 février 1811, l'avis du Conseil d'Etat du 1er juin suivant et la décision ministérielle du 30 septembre 1825 (*Journal militaire officiel*, édition refondue, tome Ier, page 195), les commandants de subdivision de région continuent à être astreints à faire une visite individuelle aux présidents des cours d'assises; cette visite est d'ailleurs en dehors de la visite de corps due à ces magistrats, aux termes de l'article 256 du décret du 23 octobre 1883 (2).

J'ai l'honneur de vous prier de vouloir bien donner à qui de droit des instructions en conséquence.

Signé : E. CAMPENON.

Ordre des réceptions à la Présidence de la République le 1er janvier. •

(*Journal officiel* du 30 décembre 1894.)

A l'occasion de la nouvelle année, le Président de la République recevra, mardi 1er janvier, dans la matinée, à l'Elysée, MM. les sénateurs et MM. les députés.

Le même jour, dans l'après-midi, il recevra les députations des corps de l'Etat, du clergé, des administrations publiques et de l'armée.

---

(1) Aujourd'hui art. 348 et 349 du décret du 4 octobre 1891.
(2) Aujourd'hui art. 253 du même décret.

A dix heures et quart.

· Le Président de la République, ayant auprès de lui les ministres et sa maison civile et militaire,

Recevra :

Le président du Sénat, les membres du bureau du Sénat et MM. les sénateurs ;

A dix heures et demie.

Le président de la Chambre des députés, les membres du bureau de la Chambre et MM. les députés.

A onze heures.

Le Président de la République, accompagné des ministres et de sa maison civile et militaire, se rendra au palais du Luxembourg, chez le président du Sénat.

A onze et heures et demie.

Au palais de la Chambre des députés, chez le président de la Chambre.

A deux heures.

Le Président, ayant auprès de lui les cardinaux, les ministres, le grand chancelier de la Légion d'honneur, le général gouverneur militaire de Paris et sa maison civile et militaire,

Recevra :

Le corps diplomatique.

Les ambassadeurs et ministres plénipotentiaires français présents à Paris et ne remplissant point de fonctions leur assignant un autre rang dans les présentations officielles seront reçus avec le corps diplomatique étranger.

A deux heures et demie.

La députation du conseil d'Etat ;
Une députation des grands-croix et grands officiers de l'ordre de la Légion d'honneur. et une députation du conseil de l'ordre ;
La députation de la cour de cassation ;
La députation de la cour des comptes ;
La députation du conseil supérieur de l'instruction publique ;
Les députations de l'Institut ;
La députation de la cour d'appel ;
Le gouverneur et les sous-gouverneurs de la Banque de France ;
Le gouverneur et les sous-gouverneurs du Crédit foncier ;
La députation des secrétaires généraux, directeurs, sous-directeurs, chefs de division et administrateurs des ministères et de la la Légion d'honneur ;

Les délégués au conseil supérieur des colonies ;

La députation du clergé de Paris ;

Les députations du conseil central des Eglises réformées de France et du consistoire de l'Eglise réformée de Paris ;

Les députations du synode général de l'Eglise de la confession d'Augsbourg de France et du consistoire de l'Eglise de la confession d'Augsbourg de Paris ;

Les députations du consistoire central des israélites de France et du consistoire israélite de Paris ;

Le préfet de la Seine, le secrétaire général de la préfecture ;

Le préfet de police et le secrétaire général de la préfecture de police ;

La députation du conseil de préfecture de la Seine ;

La députation du conseil municipal de Paris et du conseil général de la Seine ;

La députation des maires et adjoints de la ville de Paris ;

Le vice-recteur de l'académie de Paris et la députation du corps académique ;

La députation du tribunal de première instance de la Seine ;

Les députations du tribunal de commerce de la Seine ;

Les députations de la chambre de commerce de Paris ;

La députation des juges de paix de Paris ;

La députation des quatre conseils de prud'hommes ;

La délégation du corps des commissaires de police de la ville de Paris :

La députation du corps des ponts et chaussées et des mines ;

Les députations des administrateurs et professeurs des écoles des ponts et chaussées et des mines, d'application du génie maritime et des écoles polytechnique et spéciale militaire ;

La députation du Collège de France ;

La députation de l'école nationale des langues orientales vivantes ;

La députation de l'école des chartes ;

La députation du Muséum d'histoire naturelle ;

La députation de l'académie de médecine ;

La députation du Conservatoire national des arts et métiers ;

La députation de l'école spéciale des beaux-arts ;

La députation de la société nationale d'agriculture ;

La députation de l'institut national agronomique ;

La députation de l'école centrale des arts et manufactures ;

La députation du conseil des avocats au conseil d'Etat et à la cour de cassation ;

La députation du conseil des référendaires au sceau ;

La députation de la chambre des notaires ;

La députation de la chambre des avoués près la cour d'appel ;

La députation de la chambre des avoués près le tribunal de première instance :

La députation de la chambre des commissaires-priseurs ;

La députation de la chambre des huissiers près les tribunaux de la Seine;

La députation de la chambre syndicale des agents de change;

La députation de la chambre syndicale des courtiers d'assurances près la Bourse de Paris;

La députation de la chambre syndicale des courtiers de marchandises près le tribunal de commerce de la Seine;

Le préfet du département de Seine-et-Oise;

L'évêque de Versailles;

Le secrétaire général et le conseil de préfecture du département de Seine-et-Oise;

Le maire de Versailles et une députation du conseil municipal de la ville.

A trois heures.

La députation du conseil supérieur de la guerre et le chef d'état-major général de l'armée;

Le chef du cabinet et l'état-major particulier du ministre;

La députation de l'état-major de l'armée;

La députation du corps du contrôle de l'administration de l'armée;

Les directeurs, sous-directeurs et chef du service intérieur du ministère de la guerre, ainsi que la députation des officiers supérieurs et assimilés attachés aux directions du ministère;

Les députations des comités techniques:

Comité technique de l'artillerie et comité consultatif des poudres et salpêtres;

Comité technique du génie;

Comité technique de l'état-major;

Comité technique de la cavalerie;

Comité technique de l'infanterie;

Comité technique de la gendarmerie;

Comité technique de l'intendance;

Comité technique de santé;

Le général commandant l'hôtel national des Invalides et les officiers de l'état-major de l'hôtel;

Le général commandant l'école supérieure de guerre et la députation des officiers supérieurs qui y sont attachés;

Le général commandant l'école polytechnique et la députation des officiers supérieurs qui y sont attachés;

Le général commandant l'école spéciale militaire et la députation des officiers supérieurs qui y sont attachés;

Les directeur et sous-directeurs de l'école d'application de médecine et de pharmacie militaires;

La députation du conseil supérieur de la marine et le chef d'état-major général de la marine;

La députation de l'état-major du ministre de la marine;

Le comité des inspecteurs généraux de la marine;

La députation des directeurs et chefs de service du ministère de la marine ;

Le conseil des travaux et la députation des comités ;

L'état-major du général gouverneur militaire de Paris ;

Le colonel commandant l'école militaire de l'artillerie et du génie, le commandant de l'école militaire préparatoire d'infanterie à Rambouillet, le commandant de l'école normale de gymnastique ;

Le général commandant l'artillerie de la place et des forts de Paris, les officiers supérieurs de son état-major, les directeurs d'artillerie de Vincennes et de Versailles et les officiers supérieurs chefs de corps sous ses ordres ;

Le général commandant le génie du gouvernement militaire de Paris, son chef d'état-major, les directeurs du génie de Paris et de Versailles, les chefs du génie en résidence à Paris, le directeur du service et le chef du dépôt central de la télégraphie militaire, le chef de bataillon directeur de l'établissement central d'aérostation militaire ;

L'intendant général directeur du service de l'intendance du gouvernement militaire de Paris et les sous-intendants militaires sous ses ordres en résidence à Paris ;

L'intendant militaire directeur du service administratif des corps de troupes stationnés dans le gouvernement militaire de Paris, le sous-intendant militaire de la 1ʳᵉ division de cavalerie et les sous-intendants militaires des 5ᵉ, 8ᵉ et 9ᵉ divisions d'infanterie ;

Le médecin-inspecteur directeur du service de santé du gouvernement militaire de Paris, les médecins-chefs des hôpitaux et les médecins militaires assimilés aux officiers supérieurs sous ses ordres en résidence à Paris ;

Les commissaires du Gouvernement près le conseil de revision et les conseils de guerre ;

Le colonel commandant la légion de gendarmerie de Paris et le chef d'escadron commandant la compagnie de gendarmerie de la Seine ;

Le vétérinaire principal, directeur du service vétérinaire du gouvernement militaire de Paris ;

Le général et les officiers supérieurs de la 3ᵉ brigade d'artillerie ;

Le général et les officiers supérieurs de la 19ᵉ brigade d'artillerie ;

Le général et les officiers supérieurs de la brigade du génie ;

Les généraux et les officiers supérieurs de la 5ᵉ division d'infanterie : 9ᵉ et 10ᵉ brigades ;

Les généraux et les officiers supérieurs de la 8ᵉ division d'infanterie : 15ᵉ et 16ᵉ brigades ;

Les généraux et les officiers supérieurs de la 9ᵉ division d'infanterie : 17ᵉ et 18ᵉ brigades ;

Les généraux et les officiers supérieurs de la 1ʳᵉ division de cavalerie : 2ᵉ brigade de cuirassiers, 5ᵉ brigade de dragons et 2ᵉ brigade de chasseurs.

(Les corps de troupe stationnés hors Paris, dans le département de la Seine et celui de Seine-et-Oise, ne seront représentés que par les chefs de corps.)

Le général commandant la place de Paris, commandant supérieur de la défense ;

Le général commandant le département de la Seine, adjoint au commandant de la place de Paris, les officiers de leur état-major, le médecin principal et le médecin-major de 1ʳᵉ classe chargés du service médical de la place de Paris ;

Le colonel et les officiers supérieurs de la légion de la garde républicaine ;

Le colonel et les officiers supérieurs du régiment de sapeurs-pompiers ;

Le colonel commandant le recrutement de la Seine, le commandant du 2ᵉ bureau-annexe, le commandant du bureau de recrutement de Seine-et-Oise, le commandant du dépôt de remonte de Paris ;

Le colonel et les officiers supérieurs du 154ᵉ régiment d'infanterie ;

Le commandant du 29ᵉ bataillon de chasseurs à pied ;

Le lieutenant colonel commandant le groupe des bataillons d'infanterie de marine et les officiers supérieurs commandant les bataillons ;

Le général commandant le département de Seine-et-Oise ;

La députation des officiers généraux et des officiers supérieurs des armées de terre et de mer présents à Paris et qui n'y sont pas employés ;

La députation des officiers généraux des armées de terre et de mer de la section de réserve présents à Paris ;

La députation des officiers supérieurs de réserve et des officiers supérieurs de l'armée territoriale présents à Paris.

TITRE XXVIII.

HONNEURS FUNÈBRES.

———

Toutes les dispositions légales relatives aux honneurs funèbres seront appliquées, quel que soit le caractère des funérailles, civil ou religieux. (Loi du 15 novembre 1887 sur la liberté des funérailles).

a) Honneurs funèbres militaires.

(Décret du 4 octobre 1891.)

ART. 310. Président de la République.

Les honneurs funèbres à rendre au président de la République

sont l'objet de dispositions spéciales arrêtées par le gouvernement.
(Voir plus loin le titre XXXI.)

Art. 311. Présidents des deux Chambres ; ministres ; maréchaux et amiraux ; généraux de division et vice-amiraux employés ; commandants d'armes ; préfets :

Toutes les troupes prennent les armes.

Art. 312. Généraux de division ; vice-amiraux ; grands-croix de la Légion d'honneur ; généraux de brigade commandant une ou plusieurs subdivisions de région ; contre-amiraux majors généraux de la marine ; généraux de brigade commandant une brigade active :

La moitié de la garnison prend les armes.

Art. 313. Fonctionnaires et assimilés des armées de terre et de mer ayant le rang de général de division ; généraux de brigade ; contre-amiraux ; grands-officiers de la Légion d'honneur ; majors généraux de la marine qui ne sont pas contre-amiraux :

Le tiers de la garnison prend les armes.

Art. 314. *Disposition générale.* — A Paris, hors les cas spécialement réglés par l'autorité supérieure, dans les places qui renferment une nombreuse garnison et dans les camps à l'intérieur, les termes : *tout, moitié et tiers de la garnison*, doivent s'entendre de l'équivalent : pour le premier cas, d'une division ; pour le deuxième, d'une brigade ; pour le troisième, de la moitié d'une brigade contenant, autant que possible, des détachements des différentes armes. Dans les villes qui n'ont pour garnison qu'un régiment ou fraction de régiment, toutes les troupes prennent les armes.

Suivant que les honneurs sont rendus par la totalité, par la moitié ou par le tiers de la garnison, le commandement est exercé par l'officier qui occupe le premier, le deuxième ou le troisième rang.

Toutefois, l'officier qui commande ne doit pas être d'un grade ou d'un rang supérieur à celui de la personne décédée.

Art. 315. Sénateurs ou députés décédés pendant la session dans la ville où siège l'Assemblée dont ils font partie ; conseillers d'État décédés en fonctions dans la ville où siège le Conseil d'État ou dans une ville où ils sont en mission extraordinaire ; fonctionnaires et assimilés des armées de terre et de mer ayant rang de général de brigade ; colonels ; capitaines de vaisseau ; commandeurs de la Légion d'honneur :

Un bataillon ou deux escadrons, commandés par un colonel ou par un capitaine de vaisseau, prennent les armes.

Art. 316. Fonctionnaires des armées de terre et de mer ayant le rang de colonel ; lieutenants-colonels ; capitaines de frégate :

Deux compagnies ou deux pelotons de troupes à cheval, commandés par un chef de bataillon ou d'escadrons ou major, ou par un capitaine de frégate, prennent les armes.

Art. 317. Fonctionnaires des armées de terre et de mer ayant le rang de lieutenant-colonel; chefs de bataillon ou d'escadrons et majors; officiers de la Légion d'honneur :

Une compagnie ou un peloton de troupes à cheval, commandés par un capitaine ou un lieutenant de vaisseau, prennent les armes.

Art. 318. Fonctionnaires des armées de terre et de mer ayant le rang de chef de bataillon; capitaines; lieutenants de vaisseau :

Un peloton d'infanterie ou de troupes à cheval, commandé par un lieutenant ou un enseigne de vaisseau, prend les armes.

Art. 319. Fonctionnaires des armées de terre et de mer ayant le rang de capitaine, de lieutenant, de sous-lieutenant ou d'aspirant de 1ro classe; lieutenants et sous-lieutenants; enseignes de vaisseau et aspirants de 1re classe; chevaliers de la Légion d'honneur :

Une section d'infanterie ou un demi-peloton de troupes à cheval, commandé par un sous-lieutenant ou un aspirant de 1re classe, prend les armes.

Art. 320 (1). Aspirants de 2o classe de la marine; adjudants principaux des ports militaires; maîtres principaux et entretenus des arsenaux de la marine; adjudants des corps de troupe et premiers maîtres des équipages de la flotte; employés du génie ou de l'artillerie des armées de terre et de mer ayant rang de sous-officier; officiers mariniers et sous-officiers des armées de terre et de mer; caporaux, brigadiers, quartiers-maîtres, soldats et marins décorés de la médaille militaire :

Un quart de peloton, commandé par un sous-officier, prend les armes.

Art. 321. Caporaux ou brigadiers; quartiers-maîtres; simples soldats et marins :

Un huitième de peloton, commandé par un caporal, brigadier ou quartier-maître, prend les armes.

Art. 322. Officiers de troupe décédés en activité de service :

Pour les chefs de corps décédés dans l'exercice de leur commandement, les corps marchent en entier avec drapeau ou étendard.

Pour les lieutenants-colonels, la moitié du corps prend les armes; pour les chefs de bataillon, d'escadrons ou majors, un bataillon ou deux escadrons; pour les capitaines, leur compagnie, escadron ou batterie; pour les lieutenants ou sous-lieutenants, leur peloton.

Art. 323. Officiers, fonctionnaires et employés décédés en dehors du service :

Les honneurs définis par les articles 311 et suivants appartien-

---

(1) Les contrôleurs d'armes, décédés en activité de service, ont droit aux honneurs funèbres déterminés par l'article 320. (Dép. du 30 novembre 1893. Cabinet; Correspondance générale.)

nent exclusivement aux officiers généraux du cadre d'activité ou du cadre de réserve et aux officiers, fonctionnaires et employés, qui décèdent en position d'activité ou dans l'exercice de leurs fonctions. Quand ils décèdent dans toute autre position, retraités non-activité, réforme, etc., ils n'ont droit qu'à la moitié de ces mêmes honneurs.

Les honneurs dus aux membres de la Légion d'honneur à ce titre leur sont rendus intégralement dans toutes les positions.

Aucun honneur n'est rendu en raison de leur grade aux officiers, fonctionnaires et employés mis en réforme par mesure de discipline.

Les officiers et soldats de la réserve et ceux de l'armée territoriale ont droit, lorsqu'ils décèdent étant sous les drapeaux, aux mêmes honneurs que les officiers et soldats de l'armée active.

Dans toute autre circonstance, il ne leur est dû aucun honneur en raison de leur grade dans la réserve ou dans l'armée territoriale.

Art. 324. *Effectif des détachements.* — Pour les honneurs funèbres à rendre en vertu des articles 315 et suivants, l'effectif des compagnies d'infanterie et celui des escadrons de troupes à cheval est supposé de cent hommes.

Art. 325. *Honneurs funèbres rendus aux personnes autres que les militaires et marins en activité de service.* — Les honneurs militaires funèbres dus aux membres de la Légion d'honneur et aux personnes autres que les militaires et marins en activité dénommés aux articles 311 et suivants sont rendus au domicile du défunt.

Pour rendre ces honneurs, les troupes sont rangées, autant que possible, face à la maison mortuaire. Pendant la levée du corps et jusqu'à ce que le cortège ait défilé elles sont au port d'armes; les tambours, clairons ou trompettes battent ou sonnent une marche funèbre. Après le défilé du cortège, les troupes sont reconduites à leurs quartiers.

On se conforme, en ce qui concerne la composition des détachements, aux dispositions des articles 311 et suivants.

Pour les officiers, fonctionnaires et employés décédés en dehors du service et dénommés à l'article 323, ainsi que pour les sous-officiers et soldats retraités, membres de la Légion d'honneur ou décorés de la médaille militaire, il est commandé en outre une députation d'au moins quatre personnes de grade ou de rang égal à celui du décédé et, à défaut, de quatre personnes du grade ou du rang inférieur.

Cette députation accompagne le corps jusqu'à l'endroit où se terminent les cérémonies funèbres.

Art. 326. *Honneurs funèbres rendus aux militaires et marins décédés en activité.* — Les troupes commandées pour rendre les honneurs funèbres aux militaires et marins décédés en activité sont conduites à la maison mortuaire. A la levée du corps, elles portent ou présentent les armes et rendent les honneurs dus aux grades du défunt. Elles accompagnent ensuite le corps jusqu'au cimetière (1).

Pendant la marche du cortège, les troupes marchent en colonne, l'arme sur l'épaule, partie en avant, partie en arrière du char funèbre. Ces deux colonnes sont reliées par deux détachements marchant en file à droite et à gauche du char et des voitures de deuil. Les hommes marchant en file ont l'arme sous le bras droit. Les drapeaux et étendards sont voilés d'un crêpe; les tambours sont couverts de serge noire; les clairons et trompettes ont des sourdines et des crêpes.

Sur le char funèbre sont déposés les insignes, armes et décorations du décédé. S'il était officier général, ou officier supérieur chef de corps et en activité de service, son cheval de bataille, dont le harnachement est couvert d'un voile noir, est conduit derrière le char.

Les coins du poêle sont portés par quatre personnes de grade ou de rang égal à celui du décédé et, à défaut, par quatre personnes du grade ou du rang inférieur.

Art. 327. *Arrivée au cimetière.* — A l'arrivée au cimetière, les troupes rendent les mêmes honneurs qu'à la maison mortuaire et sont reconduites à leurs quartiers (2).

Art. 328. *Salves d'artillerie.* — Les salves d'artillerie attribuées au rang du défunt, qu'il appartienne à l'ordre civil ou à l'ordre militaire, par les articles 301 à 303 (V. *Salves d'artillerie*), sont tirées au moment de la levée du corps et au moment de l'arrivée au cimetière.

Art. 330. *Deuil du drapeau ou de l'étendard.* — Tous les drapeaux et étendards de l'armée prennent le deuil à la mort du Président de la République, et le gardent jusqu'à l'entrée en fonctions de son successeur.

Le drapeau ou étendard d'un corps de troupe prend le deuil du chef de corps et le garde jusqu'à ce qu'il soit remplacé.

Le deuil du drapeau consiste en un crêpe noué à la lance.

Art. 331. *Décès des chefs de corps.* — Tous les officiers portent pendant un mois le deuil de leur chef de corps.

Art. 332. *Port du deuil militaire et du deuil de famille.* — Le deuil militaire se porte par un crêpe à l'épée, le deuil de famille par un crêpe au bras gauche.

Art. 333. *Députations.* — L'autorité militaire ou maritime lo-

---

(1) Elles restent en dehors des édifices du culte pendant la durée du service religieux. (Lettre coll. du 7 décembre 1883. Cabinet. — Reproduite plus loin.)

(2) Les honneurs sont rendus à la porte du cimetière, les troupes ne pénétrant pas dans l'enceinte. (Lettre coll. du 7 décembre 1883.)

cale reste juge des circonstances dans lesquelles des députations des divers corps doivent assister aux cérémonies funèbres.

Art. 334. *Les honneurs funèbres ne sont rendus qu'une fois.* — Lorsque le corps de la personne décédée doit être transporté d'un lieu dans un autre, les honneurs funèbres ne sont rendus qu'une seule fois.

Art. 335. Les troupes, à moins d'ordres supérieurs, ne sont pas déplacées pour rendre les honneurs funèbres.

Art. 336. Lorsque l'infanterie est remplacée exceptionnellement, en tout ou en partie, pour rendre les honneurs funèbres, par des troupes à cheval, celles-ci font le service à pied, excepté dans le cas où toute la garnison prend les armes.

Art. 337. *Honneurs funèbres dans les places qui sont ports militaires.* — Dans les places qui sont ports militaires, les détachements commandés pour rendre les honneurs funèbres à un officier ou fonctionnaire de la guerre ou de la marine sont, autant que possible, composés de troupes des deux départements en nombre égal.

Ils sont commandés par un officier du département auquel appartient la personne décédée. Cet officier doit avoir la supériorité ou l'ancienneté du grade sur le commandant particulier de chaque département.

Des officiers de l'armée de terre et de l'armée de mer font partie, quand il y a lieu, du cortège funèbre. Les troupes du département auquel appartient la personne décédée prennent la droite.

En cas d'insuffisance numérique des troupes de l'un des deux départements, l'autre y pourvoit.

b) **Honneurs funèbres civils.**

(Décret du 24 messidor an XII, titre XXVI, section II.)

Lorsqu'une des personnes ayant rang individuel meurt, toutes les personnes qui occupent, dans l'ordre des préséances, un rang inférieur à celui du mort, assistent à son convoi et occupent entre elles l'ordre prescrit (Ire partie, titre IV, chapitre Ier).

Si des personnes, qui occupent un rang supérieur dans l'ordre des préséances, veulent assister au convoi d'un fonctionnaire décédé, et qu'elles soient revêtues de leur costume, elles marchent dans le rang qui leur est fixé.

Les corps assistent en totalité au convoi des cardinaux, des ministres, des maréchaux de France et amiraux et des conseillers d'Etat en mission; pour les autres, ils y assistent par députation.

Prescriptions spéciales et principes relatifs aux honneurs.

Art. 338. *Honneurs rendus du lever au coucher du soleil.* — Les honneurs militaires, qu'il ne faut pas confondre avec les marques extérieures de respect que tout militaire doit à son supérieur dans toutes les circonstances, ne se rendent que du lever au coucher du soleil.

Art. 339. *Les honneurs ne se cumulent pas.* — Les honneurs militaires ne se cumulent pas. A toute personne revêtue à la fois de plusieurs titres dans les fonctions publiques, il n'est attribué que les honneurs qui appartiennent à la plus élevée de ses fonctions.

Art. 340. *Honneurs des intérimaires et des assimilés.* — Un officier ou fonctionnaire remplaçant son supérieur à titre intérimaire ou provisoire n'a droit ni au rang, ni aux honneurs attribués au titulaire qu'il supplée.

Les fonctionnaires des armées de terre et de mer, auxquels des règlements spéciaux auraient assigné le même rang qu'à certains officiers, ne peuvent prétendre qu'aux honneurs qui leur sont attribués par le présent règlement.

Art. 341. *Gardes d'honneur.* — Les gardes d'honneur sont, autant que possible, fournies aux officiers généraux des armées de terre et de mer par les troupes de leurs départements respectifs.

En cas d'insuffisance numérique des troupes de l'un des deux départements, l'autre y pourvoit.

Art. 342. *Service subordonné à l'effectif des garnisons.* — Les prescriptions du présent décret, quant à l'effectif des troupes ou détachements marchant pour rendre les honneurs, et au nombre des sentinelles fournies au même titre, sont subordonnées dans l'application aux ressources des garnisons et aux nécessités du service général.

Art. 343. *Service des honneurs dévolu aux troupes à pied.* — Le service des honneurs est fait de préférence par les troupes à pied.

Art. 344. *Tenue.* — Les visites de corps et autres sont toujours faites, reçues et rendues, quand il y a lieu de les rendre, en uniforme ou en costume officiel. (V. pages 107 et 108, les circulaires relatives à la tenue des préfets et des magistrats.)

Les honneurs, quels qu'ils soient, ne sont rendus qu'aux personnes revêtues de l'uniforme, du costume officiel, portant leurs décorations (Légion d'honneur, médaille militaire) ou les insignes de la fonction.

En toutes circonstances, les drapeaux et étendards ne sortent qu'avec les chefs de corps.

Art. 345. *Dispositions particulières à la ville de Paris.* — A

Paris, les visites de corps et les visites individuelles ne sont faites qu'aux autorités sous les ordres desquelles les corps ou les personnes qui doivent la visite sont directement placés.

Art. 346. *Honneurs qui ne doivent être rendus que par ordre supérieur*. — Les honneurs déterminés par les articles 263 et suivants, 296 et suivants (escortes d'honneur), 301 et suivants (salves d'artillerie) sont rendus :

Au Président de la République,

Aux ministres,

Aux maréchaux et amiraux qui n'ont pas de commandement, sur l'ordre des ministres de la guerre ou de la marine.

Il en est de même des honneurs funèbres attribués aux ministres, aux maréchaux et amiraux.

Par décret spécial du Président de la République, les honneurs funèbres peuvent être rendus exceptionnellement, jusqu'à l'endroit où se terminent les cérémonies funèbres, à des fonctionnaires non militaires morts soit en activité de service, soit après la cessation de leurs fonctions.

Art. 347. *Souverains étrangers, corps diplomatique, officiers étrangers*. — Les honneurs sont rendus aux souverains et princes étrangers et aux membres du corps diplomatique, sur l'ordre des ministres de la guerre ou de la marine, et d'après une communication du ministre des affaires étrangères.

Il en est de même pour les honneurs civils. (Décret du 24 messidor an XII, titre XIII, section II.)

Les honneurs attribués aux militaires de l'armée nationale sont rendus aux militaires des armées étrangères revêtus de leur uniforme et de leurs insignes de grade.

Art. 348. *Interdiction d'exiger des honneurs particuliers*. — Il est interdit d'exiger ou de rendre des honneurs autres que ceux qui sont déterminés par le présent décret.

Observations. — Le décret sur le service des places ne fait mention nulle part des honneurs civils, aucune modification n'est, par suite, apportée à ce sujet à la législation en vigueur et les prescriptions du décret du 24 messidor an XII, en vertu desquelles les autorités ayant rang individuel reçoivent la visite des personnes nommées après elles dans l'ordre des préséances, doivent continuer à être appliquées. (Lettre coll. du 13 janvier 1884 insérée au *Journal militaire.*)

Les décisions du Ministre de la guerre, en vertu desquelles des généraux de division ou de brigade commandant les divisions et brigades sont investis d'un commandement territorial, doivent, pour produire leur effet en ce qui concerne les rangs, préséances et honneurs, être notifiées, par le général commandant la région du corps d'armée, aux préfets, qui en informent les autorités intéressées. (Décret du 28 décembre 1875, art. 3.)

Les visites, à titre d'honneur civil, ne sont dues aux officiers généraux. qui y ont droit dans la ville où ils arrivent, que par les fonctionnaires qui résident dans cette ville. (Même décret, art. 10.)

Les visites officielles, lors de l'entrée en fonctions, devant être faites et rendues dans les délais fixés par le décret du 24 messidor an XII, l'autorité absente à ce moment ne peut réclamer ultérieurement une visite officielle. (Dép. minist. du 12 septembre 1893. — Cabinet; Correspondance générale.)

Au sujet de l'interprétation des articles 329 et 330 du décret du 23 octobre 1883 (1) (honneurs militaires funèbres à rendre aux militaires et marins décédés en activité).

Le Ministre de la guerre à MM. les Gouverneurs militaires de Paris et de Lyon ; les Généraux commandant les corps d'armée. (Cabinet du Ministre ; Bureau de la Correspondance générale.) *Lettre collective n° 117.*

Paris, le 7 décembre 1883.

Mon cher Général, j'ai été consulté sur l'interprétation à donner aux articles 329 et 330 du décret du 23 octobre 1883 (1) relatifs aux honneurs funèbres à rendre aux militaires et marins morts en activité de service. Ces articles stipulent que les troupes commandées pour rendre les honneurs sont conduites à la maison mortuaire et accompagnent le corps jusqu'au cimetière ; mais ils sont muets sur ce que ces troupes doivent faire durant le temps pendant lequel le corps stationne dans l'édifice où s'accomplissent, le cas échéant, les cérémonies du culte auquel appartenait le défunt.

J'ai l'honneur de vous faire connaître, après examen de cette question, qu'il ressort des explications qui m'ont été fournies à la suite de la publication du décret du 23 octobre 1883, que le conseil d'Etat, en supprimant l'article 326 de l'ancien décret du 13 octobre 1863 concernant les honneurs à rendre par les troupes pendant les services religieux, a admis que les troupes désignées pour rendre les honneurs funèbres aux militaires et marins décédés en activité de service resteraient en dehors des édifices du culte pendant la durée du service religieux.

Le service terminé, ces troupes accompagnent le corps *jusqu'au* cimetière. *à la porte* duquel elles rendent, avant d'être reconduites à leurs quartiers, les mêmes honneurs qu'à la maison mortuaire, honneurs spécifiés à l'article 329 précité du décret du 23 octobre 1883.

Signé : E. Campenon.

---

(1) Aujourd'hui art. 326 et 327 du décret du 4 octobre 1891.

L'entrée dans les églises est interdite à toute troupe commandée de service.

(Dép. minist. du 9 juin 1893. — Cabinet; Correspondance générale.)

Mon cher Général, par votre lettre du 6 juin courant, vous voulez bien me rendre compte qu'à l'occasion de la fête du drapeau du ... régiment d'infanterie, un service funèbre doit être célébré à la mémoire des militaires du régiment morts au champ d'honneur, et vous me demandez s'il est possible d'autoriser la musique à jouer dans l'église, pendant le service, et des délégations des compagnies à y assister en tenue et sans armes.

La circulaire du 7 décembre 1883 dispose que les troupes désignées pour rendre les honneurs funèbres militaires doivent rester en dehors des édifices du culte pendant la durée du service religieux.

Il faut conclure de cette prescription que l'entrée dans les églises est interdite à toute troupe commandée de service.

Dans l'espèce, une musique militaire allant jouer, en corps, à une messe, sous la direction de son chef, et des délégations des compagnies se rendant à cette cérémonie ne pourraient être considérées que comme une troupe commandée de service.

Les militaires du ... régiment d'infanterie devront donc être laissés entièrement libres d'assister à la messe dont il s'agit, s'ils le jugent convenable; aucune délégation ne saurait être commandée dans ce but.

Honneurs militaires funèbres à rendre aux étrangers membres de la Légion d'honneur et aux militaires étrangers.

Le Ministre de la guerre à MM. les Gouverneurs militaires de Paris et de Lyon; les Généraux commandant les corps d'armée. (Cabinet du Ministre; Bureau de la Correspondance générale.) *Lettre collective n° 125.*

Paris, le 15 janvier 1884.

Mon cher Général, j'ai été consulté sur la question de savoir si les honneurs militaires funèbres, spécifiés par les articles 315 et suivants du décret du 23 octobre 1883 (1), devaient être rendus aux étrangers membres de la Légion d'honneur qui viennent à décéder en France.

J'ai l'honneur de vous faire connaître que cette question doit

---

(1) Aujourd'hui art. 312 et suivants du décret du 4 octobre 1891.

être résolue affirmativement, conformément, d'ailleurs, à l'usage suivi jusqu'ici.

Il demeure entendu que les dispositions de l'article 328 (1) seront seules applicables dans l'espèce, et que les honneurs militaires funèbres ne seront rendus qu'au domicile du défunt.

Au cas où le légionnaire serait membre d'une armée étrangère et se trouverait en France en vertu d'une mission officielle de son gouvernement ou d'un service dont il aurait été donné connaissance à notre gouvernement (officier attaché militaire d'ambassade, ou venu en France pour assister à des manœuvres, etc., officier de marine décédé dans un port français à bord d'un bâtiment étranger, etc.), il y aurait lieu de prendre les ordres du ministre de la guerre au sujet des honneurs militaires à rendre dans ce cas. Il en serait de même dans le cas où l'officier étranger décédé ne serait pas légionnaire.

Je vous prie de donner à qui de droit des ordres en conséquence.

Signé : E. CAMPENON.

Honneurs à rendre aux contrôleurs d'armes.

Paris, le 27 avril 1894.

Le Ministre de la guerre à Monsieur le général commandant le corps d'armée. (Cabinet du Ministre ; Correspondance générale.)

Mon cher Général, à l'occasion d'un cas particulier j'ai été consulté sur la double question de savoir si des honneurs militaires doivent être rendus aux contrôleurs d'armes, et, au cas de l'affirmative, quels sont ces honneurs.

J'ai l'honneur de vous faire connaître que, *conformément à l'avis du Conseil d'Etat,* j'ai décidé qu'il sera fait application aux contrôleurs d'armes des articles 294 et 320 du décret du 4 octobre 1891, sur le service dans les places de guerre et les villes ouvertes, c'est-à-dire que « les sentinelles garderont pour eux l'immobilité, la main dans le rang et l'arme au pied » (art. 294), et que « un quart de peloton commandé par un sous-officier prendra les armes » pour leur rendre les honneurs funèbres. (Art. 320.)

Je vous prie de donner des instructions en conséquence à qui de droit et notamment à M. le directeur de la manufacture d'armes de Châtellerault.

Signé : A. MERCIER.

---

(1) Art. 325 du même décret.

TITRE XXIX.

HONNEURS A RENDRE AU PERSONNEL DES RÉSIDENCES DANS LES PAYS PLACÉS SOUS LE PROTECTORAT DE LA FRANCE.

(Décret du 24 juin 1886.)

Art. 1er. Les résidents généraux, dans toute l'étendue du territoire appartenant à l'Etat où ils exercent le protectorat de la France, ont droit aux rang, préséance et honneurs attribués aux généraux de division commandant un corps d'armée, et aux vice-amiraux commandant en chef à la mer, en exceptant toutefois les honneurs qui font essentiellement partie des attributions du commandement, et suivant les dispositions spécifiées par les articles suivants :

Honneurs à rendre par l'armée de terre.

Art. 2. *Visites de corps.* — Les corps d'officiers de troupes d'armée de terre, les officiers sans troupe, fonctionnaires et employés de la guerre, ayant rang d'officiers, présents dans la localité, doivent des visites de corps :

Aux résidents généraux ;
Aux résidents supérieurs ;
Et aux résidents, chefs de mission, ne relevant d'aucun résident général ou supérieur.

Toutefois, les visites de corps à ces derniers agents ne comprennent qu'un officier supérieur et un officier de chaque grade par corps, et un fonctionnaire ou employé de chaque service.

Art. 3. *Honneurs à rendre à l'arrivée dans la place.* — Lorsque les résidents généraux font leur première entrée au siège officiel de la résidence générale ou visitent, pour la première fois, une ville du territoire protégé, le major de la garnison les reçoit à leur arrivée. Les troupes, formées sur leur passage, présentent les armes, les tambours et clairons battent et sonnent aux champs ; les trompettes sonnent la marche ; les musiques jouent l'air national ; les officiers généraux (qui ne sont pas commandants de corps d'armée), les commandants des corps de troupe, quel que soit leur grade, et les officiers supérieurs saluent de l'épée ou du sabre ; les drapeaux et les étendards saluent.

Leur garde d'honneur est de cinquante hommes, commandée par un capitaine ; elle fournit deux sentinelles. Ils ont droit, en tout temps, à deux sentinelles.

Lorsque les résidents supérieurs et les résidents chefs de mission font leur première entrée au siège officiel de la résidence, les troupes formées sur leur passage portent les armes. Les officiers supérieurs ou autres et les drapeaux et étendards ne saluent pas. Les tambours, clairons ou trompettes sont prêts à battre ou à sonner. En tout temps, un poste de dix hommes, commandés par un sergent, est établi à l'hôtel de la résidence. Il fournit une sentinelle.

Art. 4. *Honneurs à rendre par les postes.* — Quand les résidents généraux, résidents supérieurs et résidents chefs de mission passent, en costume officiel, devant un poste :

La garde prend les armes ou monte à cheval, se forme devant le poste, porte les armes; les tambours ou clairons battent ou sonnent aux champs; les trompettes sonnent la marche pour les résidents généraux.

La garde prend les armes ou monte à cheval, se forme devant le poste, porte les armes; les tambours, clairons ou trompettes sont prêts à battre ou à sonner, pour les résidents supérieurs.

La garde prend les armes ou monte à cheval, se forme devant le poste, l'arme au pied ou le sabre au fourreau, pour les résidents chefs de mission.

Art. 5. *Honneurs à rendre par les sentinelles.* — Les sentinelles présentent les armes :

Aux résidents généraux en costume officiel ou revêtus des insignes de la fonction;

Aux résidents supérieurs en costume officiel ou revêtus des insignes de la fonction;

Aux résidents chefs de mission en costume officiel ou revêtus des insignes de la fonction.

Les sentinelles portent les armes :

Aux résidents et aux vice-résidents en costume officiel ou revêtus des insignes de la fonction.

Art. 6. *Escortes d'honneur.* — Dans les cérémonies publiques, les résidents généraux, les résidents supérieurs et les résidents chefs de mission peuvent avoir, au siège de leur résidence et s'ils en font la demande, une escorte d'honneur qui se compose :

Pour les résidents généraux, de trois brigades de gendarmerie commandées par un lieutenant, et de deux pelotons de troupes à cheval commandées par un lieutenant.

Pour les résidents supérieurs, de deux brigades de gendarmerie commandées par un lieutenant. En outre, pendant leur tournée dans leur circonscription, mais seulement lorsqu'ils font cette tournée en costume officiel, les résidents supérieurs peuvent être escortés de deux gendarmes.

Pour les résidents chefs de mission, et les résidents : d'une brigade de gendarmerie commandée par un sergent. En outre, pendant leur tournée, en costume officiel, ils peuvent être escortés d'un gendarme.

ART. 7 *Salves d'artillerie.* — Lors de leur prise de possession ou de leur première entrée au siège officiel de leur résidence, il est tiré :

Pour les résidents généraux : 13 coups de canon;
Pour les résidents supérieurs : 7 coups de canon;
Pour les résidents chefs de mission : 5 coups de canon.

ART. 8. *Visites individuelles.* — Les hauts fonctionnaires des résidences et les officiers généraux ou supérieurs et employés de la guerre assimilés se doivent réciproquement des visites individuelles.

Elles ont lieu lorsqu'ils prennent possession de leur poste ou de leur commandement ou lorsqu'ils arrivent sur les lieux en mission. L'arrivant doit prendre soin de prévenir à l'avance de son intention le fonctionnaire ou l'officier qu'il doit visiter.

Les visites sont rendues, quand il y a lieu de les rendre, dans les vingt-quatre heures.

Les officiers généraux qui ne sont pas commandants de corps d'armée, les officiers supérieurs et les fonctionnaires assimilés de l'armée de terre, doivent la première visite au résident général. Celui-ci la rend seulement aux officiers généraux.

Les résidents supérieurs, les résidents chefs de mission et les résidents doivent la première visite aux officiers généraux venant prendre possession de leur commandement ; ils reçoivent celle des officiers supérieurs et fonctionnaires assimilés.

Dans le cas où un général commandant de corps d'armée, ou un vice-amiral commandant en chef à la mer, serait envoyé en mission ou chargé du commandement au siège de la résidence générale, l'ordre des visites à échanger entre le résident général et cet officier général est réglé par le ministre de la guerre ou le ministre de la marine, d'accord avec le ministre des affaires étrangères.

ART. 9. *Honneurs funèbres.* — Les honneurs funèbres à rendre aux résidents généraux sont conformes à ceux fixés pour les généraux de division ;

Pour les résidents supérieurs et résidents chefs de mission, à ceux fixés pour les généraux de brigade ;

Et pour les résidents à ceux fixés pour les colonels.

ART 10. *Observations.* — Les visites de corps et autres sont toujours faites, les honneurs sont toujours rendus, en observant les principes généraux, relatifs aux honneurs.

Toutefois, le résident supérieur ou l'agent diplomatique appelé à remplacer un résident général, absent par congé, prend dans les cérémonies publiques le rang attribué au titulaire qu'il supplée, mais il ne peut prétendre qu'aux honneurs qui sont fixés pour son grade par le présent décret.

Dans ce cas, le commandant en chef des troupes d'occupation a toujours la faculté de se faire représenter, dans les cérémonies publiques, par l'officier général ou supérieur qui le suit immédiatement dans la hiérarchie militaire.

Honneurs à rendre par les troupes de l'armée de mer.

Art. 11. *Honneurs et saluts.* — Les résidents généraux reçoivent dans les ports de l'État où ils exercent le protectorat de la France, lors de leur première visite à bord d'un bâtiment, les honneurs attribués aux vice-amiraux commandant en chef qui visitent officiellement, pour la première fois, un bâtiment placé en dehors de la force navale qu'ils commandent.

Ils sont salués de quinze coups de canon.

Art. 12. Les résidents supérieurs, les résidents et les vice-résidents reçoivent à bord des bâtiments de l'État les honneurs suivants :

Le résident supérieur est reçu au haut de l'escalier par le commandant, les officiers et aspirants de quart ; la garde a l'arme au pied et le tambour ou le clairon est prêt à battre ou à sonner ;

Il est salué de neuf coups de canon.

Le résident, chef de mission ou non, est reçu sur le gaillard d'arrière par le commandant du bâtiment : la garde a l'arme au pied ;

Il est salué de sept coups de canon.

Le vice-résident est reçu sur le gaillard d'arrière par l'officier en second du bâtiment; la garde ne s'assemble pas;

Il est salué de cinq coups de canon.

Art. 13. Ces honneurs sont rendus aux résidents généraux et résidents supérieurs, lorsqu'ils font leur première visite officielle, lorsqu'ils s'embarquent sur un bâtiment de l'État pour revenir en France, ou lorsqu'ils quittent celui qui les a conduits à destination.

Il ne leur est rendu aucun des honneurs ci-dessus mentionnés au port de leur embarquement en France et, en aucun cas, lorsqu'ils ne sont pas en uniforme ou revêtus des insignes de leur fonction.

Les honneurs réservés aux résidents et vice-résidents ne leur sont rendus qu'à leur première visite officielle et lorsqu'ils sont en uniforme.

Art. 14. *Visites.* — Les vice-amiraux commandant en chef et les contre-amiraux commandant en chef doivent la première visite aux résidents généraux. Ils attendent la visite des résidents de tout rang.

Les capitaines de vaisseau, chefs de division, doivent la première visite aux résidents généraux et aux résidents supérieurs, ainsi qu'aux résidents remplaçant officiellement un résident supérieur. Ils attendent la visite des résidents et des vice-résidents.

Les capitaines de vaisseau, commandants, doivent la première visite aux résidents généraux, aux résidents supérieurs, aux résidents et aux agents remplaçant un résident, en cas d'absence, si ces agents sont vice-résidents ou chanceliers de résidence. Ils attendent la visite des vice-résidents.

Les capitaines de frégate et lieutenants de vaisseau, commandants, ont les mêmes obligations que les capitaines de vaisseau et doivent, en outre, la première visite aux vice-résidents.

Les officiers de l'armée de mer, de tout grade, lorsqu'ils sont dans le cas de rendre les visites officielles spécifiées dans le présent article, sont reçus, au débarcadère, par un fonctionnaire de la résidence.

Ces visites sont rendues dans les vingt-quatre heures, si le temps permet les communications.

Lorsque les résidents ont besoin d'une embarcation convenable pour faire ou rendre une visite officielle à bord d'un bâtiment, le commandant de ce bâtiment en met une à sa disposition, tant pour l'amener à bord que pour le reconduire à terre.

Art. 15. *Honneurs funèbres.* — Lorsqu'un fonctionnaire du personnel des résidences vient à décéder à bord, les honneurs funèbres qui doivent lui être rendus sont réglés comme il suit :

Pour un résident général : les honneurs dus au vice-amiral commandant en sous-ordre;

Pour un résident supérieur : les honneurs dus au contre-amiral commandant en sous-ordre ;

Pour un résident de 1re classe : les honneurs dus au capitaine de vaisseau non commandant ;

Pour un résident de 2e classe : les honneurs dus au capitaine de frégate non commandant;

Il n'est tiré ni coups de canon, ni décharge de mousqueterie.

Pour les chanceliers et les commis, les honneurs de la flamme et du pavillon en berne et la réunion de l'équipage sur le pont.

Il est entendu que les honneurs funèbres ne sont rendus que lorsqu'il n'en résulte pas d'inconvénient pour le service du bord.

Art. 16. *Dispositions spéciales à la Tunisie.* — En raison de l'organisation particulière du personnel de la résidence générale en Tunisie, les contrôleurs civils remplissant dans ce pays les fonctions de résident ont droit, en conséquence, aux honneurs réservés aux résidents qui ne sont pas chefs de mission, soit de la part de l'armée de terre, soit de la part de l'armée de mer : et ils ont les mêmes obligations à remplir envers elles que les résidents.

Les contrôleurs suppléants assimilés aux vice-résidents reçoivent les honneurs fixés pour les agents de cette classe et ont les mêmes obligations à remplir.

TITRE XXX.

MARQUES EXTÉRIEURES DE RESPECT.

Règlements sur le service intérieur des troupes. Décrets du 20 octobre 1892.(

Devoirs généraux.

Tout militaire doit, en toute circonstance, soit de jour, soit de nuit, même hors du service, de la déférence et du respect à ses supérieurs des armées de terre et de mer, quels que soient l'arme et le corps auxquels ils appartiennent.

L'inférieur prévient le supérieur en le saluant le premier; le supérieur rend le salut.

A grade égal, les militaires échangent le salut. Toutefois, les sous-officiers rengagés et les sous-officiers, caporaux et soldats décorés de la Légion d'honneur ou de la médaille militaire ont droit au salut des militaires du même grade non rengagés ou non décorés; en cas de refus du salut, le militaire qui y a droit peut demander une punition au capitaine du coupable.

En raison de la spécialité de leur service et de leur position militaire exceptionnelle, les gendarmes ne doivent pas le salut aux sous-officiers des autres armes. Toutefois, les militaires de la gendarmerie non décorés ou médaillés doivent saluer les militaires des autres armes du même grade qu'eux et du grade supérieur, qui sont décorés ou médaillés. Ils doivent, par contre, être salués dans les mêmes conditions, s'ils sont décorés ou médaillés. (Décret du 10 juillet 1889, art. 161.)

Les militaires de tout grade de la réserve et de l'armée territoriale ont les devoirs et les droits communs à tous les militaires, dans toutes les circonstances où ils portent l'uniforme.

Formes du salut.

Le salut militaire à pied ou à cheval, quel que soit le grade et quelle que soit la coiffure, consiste à porter la main droite ouverte au côté droit de la visière, la main dans le prolongement de l'avant-bras, les doigts étendus et joints, le pouce réuni aux autres doigts, la paume de la main en avant, le bras sensiblement horizontal et dans l'alignement des épaules, en regardant la personne qu'on salue.

L'attitude du salut est prise ou quittée d'un geste vif et décidé, mais sans brusquerie ni raideur.

Tout sous-officier, caporal ou soldat qui est de pied ferme prend, pour saluer, la position du soldat sans armes et se tourne du côté du supérieur; s'il est assis, il se lève pour saluer; s'il croise un supérieur, il le salue quand il en est à six pas et continue à marcher en conservant l'attitude du salut jusqu'à ce qu'il l'ait dépassé; s'il marche derrière lui et le dépasse, il le salue en arrivant à sa hauteur et conserve l'attitude du salut jusqu'à ce qu'il l'ait dépassé.

Le salut ne se renouvelle pas dans une promenade ou dans tout autre lieu public.

Chez le Président de la République et chez leurs supérieurs hiérarchiques en uniforme, les officiers en tenue se découvrent aussitôt après avoir salué réglementairement; chez les autorités civiles et chez un supérieur qui n'est pas en tenue militaire, les officiers se présentent découverts. Les sous-officiers, les caporaux ou brigadiers et les soldats ne se découvrent que lorsque le supérieur les y autorise.

Dans les visites de corps, les officiers, à l'exception de ceux qui ont pour coiffure le chapeau, mettent la jugulaire sous le menton et restent couverts

Ces prescriptions s'appliquent à toutes les visites de corps, quelle que soit l'autorité à qui elles sont faites.

Tout militaire qui parle à un supérieur le salue et prend une attitude militaire.

Tout militaire qui passe devant un drapeau ou un étendard de régiment salue sans s'arrêter.

Tout sous-officier, caporal ou soldat, armé du fusil ou ayant le sabre à la main, qui parle à un officier, porte ou présente l'arme, suivant le grade; s'il passe près d'un officier, devant un drapeau ou un étendard de régiment, il porte l'arme sans s'arrêter.

Fonctionnaires et employés militaires.

Les fonctionnaires et les employés militaires doivent le salut et y ont droit, suivant leur rang hiérarchique ou suivant le rang dont ils ont les prérogatives; dans le service, le fonctionnaire ou employé assimilé doit le premier le salut à l'officier revêtu de ses insignes qui est son égal en rang.

Les officiers de douaniers et les officiers de chasseurs forestiers en uniforme ont les mêmes droits et les mêmes devoirs, même hors le cas de convocation.

Les agents du Trésor, des postes et des télégraphes et des sections techniques des chemins de fer convoqués pour un service militaire, ont également les mêmes droits et les mêmes devoirs, suivant le rang qui leur est attribué.

Officiers des armées étrangères.

Les militaires sont tenus de saluer les officiers des armées étrangères.

Fonctionnaires civils.

Ont droit au salut des militaires de la gendarmerie, suivant l'ordre de préséance, les fonctionnaires civils revêtus de leurs insignes, savoir :

Les cardinaux, archevêques et évêques, les préfets, sous-préfets, secrétaires généraux, conseillers de préfecture, maires, commissaires de police, magistrats de tous ordres, y compris les présidents des tribunaux de commerce, lorsqu'ils sont revêtus de leurs insignes. (Décret du 10 juillet 1889, art. 163.)

Marques extérieures de respect à échanger entre les officiers, les sous-officiers et les hommes des compagnies de sapeurs-pompiers des communes et les militaires de l'armée.

(Note minist. du 16 février 1884.)

Le ministre de la guerre rappelle, après entente avec M. le ministre de l'intérieur, qu'aux termes d'une circulaire ministérielle du 4 novembre 1874, les officiers et les sous-officiers des compagnies de sapeurs-pompiers des communes, revêtus de leur uniforme, ont droit, de la part des militaires de l'armée, aux marques de respect que comportent les insignes du grade dont ils sont investis dans ces compagnies. Il doit y avoir complète réciprocité de la part des sapeurs-pompiers à l'égard des militaires de l'armée.

Ces dispositions sont toujours en vigueur, bien qu'elles n'aient pas été insérées dans le décret sur le service dans les places de guerre et les villes de garnison.

Salut à échanger entre les sous-officiers élèves-officiers et les militaires de toutes armes.

(Arrêté minist. du 30 janvier 1885.)

Les sous-officiers élèves-officiers de l'École militaire d'infanterie, de l'École d'application de cavalerie et de l'École militaire de l'artillerie et du génie, doivent le salut aux officiers; ils y ont droit de la part de tous les sous-officiers (sauf les adjudants), des caporaux ou brigadiers et des soldats.

Ils jouissent, en dehors de l'école dont ils font partie, des droits attribués aux adjudants par les règlements sur le service intérieur des troupes de toutes armes.

Les dispositions qui précèdent sont applicables aux élèves stagiaires de l'École d'administration militaire. (Décret du 20 mars 1890, art. 6.)

Les élèves de l'École du service de santé doivent le salut à tous les officiers et fonctionnaires de l'armée, ainsi qu'aux adjudants. (Décret du 25 décembre 1888, art. 52).

Les élèves du service de santé de la marine doivent le salut à tous les officiers et aux adjudants, et ont droit au salut de tous les autres sous-officiers, des caporaux, brigadiers et soldats. (Note du 24 janvier 1891.)

Marques extérieures de respect dues aux Légionnaires.

(Décret du 17 février 1876.)

LE PRÉSIDENT DE LA RÉPUBLIQUE FRANÇAISE,

Sur le rapport du Minis're de la guerre,

Vu l'article 36 du décret organique du 16 mars 1852, relatif aux marques de respect dues aux légionnaires par les sentinelles;

Vu les articles 338 et 339 du décret du 13 octobre 1863, sur le service des places, articles relatifs aux honneurs à rendre par les sentinelles;

Vu l'avis du conseil de l'ordre national de la Légion d'honneur, en date du 8 novembre 1875;

Vu les avis conformes du vice-président du Conseil, Ministre de l'intérieur, du Ministre de la marine et des colonies et du Ministre des finances:

Considérant qu'il a toujours été reçu dans l'armée, que tout militaire décoré de la Légion d'honneur a droit au salut des militaires du même grade non légionnaires;

Considérant que les militaires non légionnaires n'ont jamais été tenus, soit par l'usage, soit autrement, à saluer les légionnaires civils portant sur des habits civils les décorations réglementaires;

DÉCRÈTE :

Art. 1er. 1° Les militaires, décorés de la Légion d'honneur continueront à recevoir des marques extérieures de respect (salut) de la part des militaires du même grade, non décorés.

2° Les militaires non légionnaires ne seront pas astreints à des marques extérieures de respect (salut) à l'égard des légionnaires qui portent les décorations réglementaires sur un habillement civil ou sur un costume étranger à l'armée.

Il n'est rien changé d'ailleurs aux dispositions des articles 338 et 339 du décret du 13 octobre 1863 (1), en ce qui concerne les honneurs à rendre par les sentinelles aux grands-croix, grands-officiers, commandeurs, officiers et chevaliers de la Légion d'honneur.

Art. 2. Les Ministres de la guerre et de la marine sont chargés, chacun en ce qui le concerne, de l'exécution du présent décret.

Fait à Paris, le 17 février 1876.

Signé : Mal DE MAC-MAHON.

Par le Président de la République :

<table>
<tr><td>Le Ministre de guerre,</td><td>Le Ministre de la marine et des colonies,</td></tr>
<tr><td>Signé : Gal E. DE CISSEY.</td><td>Signé : MONTAIGNAC.</td></tr>
</table>

TITRE XXXI.

DEUIL NATIONAL.

A l'occasion de la mort de M. le Président de la République Carnot, arrivée à Lyon le 25 juin 1894, les ministres intéressés ont arrêté les mesures suivantes :

Dépêche du 25 juin, adressée par le Ministre de la guerre aux gouverneurs militaires de Paris et de Lyon ; aux généraux commandant les corps d'armée et au général commandant la brigade d'occupation de Tunisie.

Je vous rappelle, au sujet des honneurs funèbres à rendre au Président de la République, les prescriptions de l'article 330 du décret sur le service dans les places de guerre.

Journal officiel du 26 juin.

A l'occasion de la mort de M. le Président de la République, MM. les Ministres de la guerre et de la marine, par application de l'article 310 du décret du 4 octobre 1891 sur le service des places, ont prescrit aux officiers des armées de terre et de mer un deuil de trente jours à dater du 25 juin.

Ce deuil sera également porté par MM. les fonctionnaires et agents de tous les services publics, lorsqu'ils seront dans l'exercice de leurs fonctions.

---

(1) Aujourd'hui articles 292 et 293 du décret du 4 octobre 1891.

Dépêche du 26 juin. — Guerre à gouverneurs militaires, etc.

Par application de l'article 310 du service des places, le gouvernement a décidé que, sans rien changer aux dispositions de l'article 330, tous les officiers et assimilés porteront pendant un mois, à partir du 25 juin, le deuil du Président de la République par un crêpe à l'épée. Veuillez donner, d'urgence, des ordres en conséquence.

Dépêche du 28 juin. — Guerre à gouverneurs militaires, etc.

Les drapeaux des bâtiments militaires resteront en berne pendant trente jours, à dater du 25 juin, à moins que des ordres contraires ne soient donnés par la suite. Prière d'assurer l'exécution de cette décision.

Circulaire du 30 juin 1894. (2ᵉ Direction. 1ᵉʳ Bureau.) — Le Ministre de la guerre à MM. les généraux commandant les corps d'armée

Mon cher Général, j'ai décidé que les officiers et sous-officiers devront s'abstenir de prendre part aux courses militaires pendant la durée du deuil officiel, prescrit à l'armée à l'occasion du décès de M. le président Carnot, c'est-à-dire jusqu'au 25 juillet prochain.

J'ai l'honneur de vous prier de vouloir bien assurer, en ce qui vous concerne, l'exécution de cette décision, et la faire notifier aux présidents des diverses sociétés de courses résidant dans l'étendue de votre région.

Dépêche du 28 juin. — Marine à préfets maritimes, commandants d'escadre, chefs de station, etc.

Dimanche 1ᵉʳ juillet, pour les obsèques nationales de M. Carnot, les bâtiments mettront dès le lever du soleil les pavillons en berne et les vergues en pantenne.

Les commandants de rade feront tirer un coup de canon d'heure en heure jusqu'à 3 heures et ensuite une salve de 21 coups de canon.

Dépêche du 29 juin. — Guerre à gouverneurs militaires, etc.

Accordez à titre exceptionnel, et dans une mesure aussi large que vous jugerez possible, le concours de l'armée pour les cérémonies funèbres des divers cultes qui seront célébrées à l'occasion des funérailles du président Carnot.

Funérailles de M. Carnot, Président de la République.

ORDRE DU CORTÉGE.

Un escadron de la garde républicaine.
Le général gouverneur militaire de Paris et son état-major.
Troupes.
Huit chars portant des couronnes.
Musique de la garde républicaine.
Un peloton de l'École polytechnique.
Couronne du Président de la République, portée à bras.
Corbillard entouré d'une garde d'honneur.
Personnel du service privé.
Famille.

Le Président de la République.
Le président du Sénat et le président de la Chambre des députés.
Les ambassadeurs.
Les ministres.
Les cardinaux et maréchaux.
Les envoyés extraordinaires et le corps diplomatique.
Les bureaux du Sénat et de la Chambre des députés.
Le Sénat.
La Chambre des députés.
Les amis de la famille.

Les officiers généraux membres des conseils supérieurs de la guerre et de la marine.
Les généraux commandant les corps d'armée.
Le Conseil d'Etat.
Les grands-croix et grands-officiers de la Légion d'honneur et le conseil de l'ordre.
La Cour de cassation.
La Cour des comptes.
Le Conseil supérieur de l'instruction publique.
Les membres de l'Institut.
La Cour d'appel.
Les directeurs et sous-directeurs des ministères.
Les gouverneurs et sous-gouverneurs de la Banque de France et du Crédit foncier.
Les délégués du conseil supérieur des colonies.
La députation du clergé de Paris.

La députation du conseil central des Eglises réformées.
La députation du consistoire de l'Eglise réformée de Paris.
La députation du consistoire de l'Eglise de la confession d'Augsbourg.
La députation du consistoire central israélite.

Les préfets de la Seine et de police et les secrétaires généraux.
Le conseil de préfecture de la Seine.
Le conseil municipal de Paris.
Le conseil général de la Seine.
La délégation des préfets des départements.
Les directeurs et sous-directeurs des préfectures de la Seine et de police.
Les maires et adjoints de la ville de Paris.
Les conseils d'arrondissement de la Seine.
Le corps académique.
Le tribunal de première instance.
Le tribunal de commerce.
La chambre de commerce.
Le conseil municipal de Lyon.
Les juges de paix de la ville de Paris.
Les conseils de prud'hommes.
La députation des commissaires de police.

Députations de l'armée. — L'état-major particulier du ministre de la guerre; — l'état-major général de l'armée; — les directeurs et sous-directeurs du ministère de la guerre; — les comités techniques; — le général commandant les Invalides et son état-major; — le général commandant l'Ecole supérieure de guerre; — le général commandant l'Ecole polytechnique; — le général commandant l'Ecole Saint-Cyr; — l'Ecole de médecine et de pharmacie.

Députations de la marine. — L'état-major du ministre de la marine; — le comité des inspecteurs généraux; — les directeurs et sous-directeurs du ministère de la marine; — les conseils des travaux et comités.

L'état-major du général gouverneur militaire de Paris.
Les officiers généraux et supérieurs de l'armée de Paris.
Les officiers généraux et supérieurs de la marine.

Les corps des ponts et chaussées et des mines.
Le Collége de France.
L'Ecole des langues orientales vivantes.
L'Ecole des chartes.
Le Muséum d'histoire naturelle.
L'Académie de médecine.
Les directeurs et professeurs de l'Ecole normale supérieure et une députation des élèves.
Le directeur et le conservateur des musées nationaux.
L'Ecole nationale et spéciale des beaux-arts.
Le Conservatoire national de musique et de déclamation.
La Société nationale d'agriculture.
L'Institut national agronomique.
La députation du Conservatoire national des arts et métiers.
L'Ecole centrale des arts et manufactures.
La députation du conseil des avocats au Conseil d'Etat et à la Cour de cassation.
Le conseil de l'ordre du barreau de Paris.
La députation des syndicats de la presse française et de la presse étrangère.
Les référendaires au sceau.
La chambre des notaires.
La chambre des avoués près la cour d'appel et le tribunal de première instance de la Seine.
La chambre des commissaires-priseurs.
La chambre des huissiers.
La chambre syndicale des agents de change.
La chambre syndicale des courtiers d'assurances près la Bourse de Paris.
La chambre syndicale des courtiers en marchandises près le tribunal de commerce.
Les invités.
Les troupes.

FIN

TABLE DES MATIÈRES

PREMIÈRE PARTIE.

FÊTES ET CÉRÉMONIES.

DEUXIÈME PARTIE.

HONNEURS.

Paris et Limoges. — Imprimerie militaire Henri CHARLES-LAVAUZELLE.

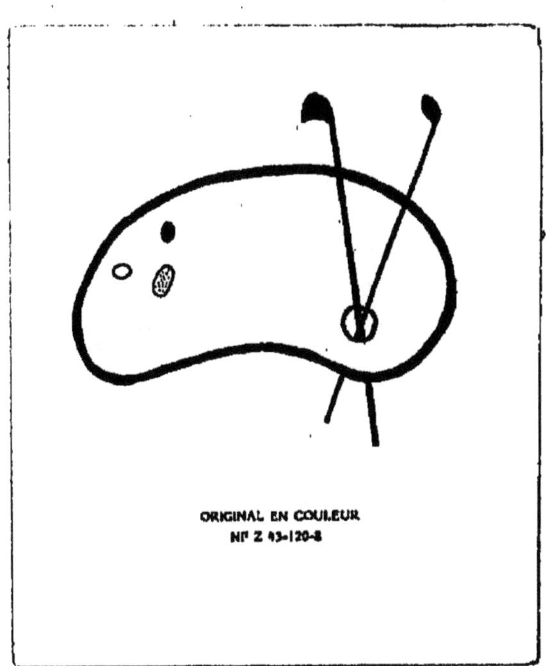

ORIGINAL EN COULEUR
Nº Z 43-120-8